话说 内蒙古

乌兰察市

察哈尔右翼中旗

苏仁陶格图 ◎ 主编

内蒙古人民出版社

图书在版编目（CIP）数据

话说内蒙古·察哈尔右翼中旗 / 苏仁陶格图主编. -- 呼
和浩特：内蒙古人民出版社，2017.6
ISBN 978-7-204-14811-0

Ⅰ．①话… Ⅱ．①苏… Ⅲ．①察哈尔右翼中旗—概况—
Ⅳ．① K922.6

中国版本图书馆 CIP 数据核字（2017）第 133790 号

## 话说内蒙古·察哈尔右翼中旗
HUASHUO NEIMENGGU CHAHAERYOUYIZHONGQI

| | | |
|---|---|---|
| 主　编 | 苏仁陶格图 | |
| 丛书策划 | 吉日木图　郭　刚 | |
| 责任编辑 | 张　钧　李月琪 | |
| 责任校对 | 李好静 | |
| 责任监印 | 王丽燕 | |
| 封面设计 | 南　丁 | |
| 版式设计 | 安立新 | |
| 出版发行 | 内蒙古人民出版社 | |
| 地　址 | 呼和浩特市新城区中山东路 8 号波士名人国际 B 座 5 楼 | |
| 印　刷 | 内蒙古恩科赛美好印刷有限公司 | |
| 开　本 | 710mm×1000mm　1/16 | |
| 印　张 | 11 | |
| 字　数 | 155 千 | |
| 版　次 | 2017 年 8 月第 1 版 | |
| 印　次 | 2017 年 8 月第 1 次印刷 | |
| 印　数 | 1—4000 册 | |
| 书　号 | ISBN 978-7-204-14811-0 | |
| 定　价 | 39.00 元 | |

图书营销部联系电话：（0471）3946267 3946269
如发现印装质量问题，请与我社联系。联系电话：（0471）3946120 3946124
网址：http://www.impph.com

## 《话说内蒙古·察哈尔右翼中旗》
## 编撰委员会

总策划：赵向红　刘　超

主　编：苏仁陶格图

编　辑：郝振中　朱建军　武文志　乌仁其其格

　　　　张建军　杨翠珍　冯海升　樊　磊　张劲中

统　稿：张建军

摄　影：张文杰　李文彪　张建军

# 总　序

　　内蒙古自治区是我国第一个省级少数民族自治地区。全区辖9个地级市、3个盟、2个计划单列市，下辖52个旗（其中包括鄂伦春、鄂温克、莫力达瓦达斡尔3个少数民族自治旗）、17个县、11个盟（市）辖县级市、23个市辖区，共103个旗、县、市辖区。首府呼和浩特市。

　　内蒙古东西直线距离2400千米，南北跨度1700千米，土地总面积118.3万平方千米。广袤的土地蕴含着丰富的自然资源：从东到西的森林、草原、沙漠等地形地貌是天然独特的旅游资源；丰富的煤、铅、锌、稀土等矿产资源和风力、太阳能等清洁能源，为煤化工产业、有色金属产业、清洁能源产业的发展提供了支撑；地跨"三北"（东北、华北、西北），毗邻八个省区，与俄罗斯、蒙古国接壤，国境线长达4200千米，具有我国向北开放的重要桥头堡和充满活力的沿边经济带的天然区位优势；气候适宜、土壤优质、草类茂盛、水源充足等优势，使农牧业的现代化建设不断走向深入。

　　这是一方丰饶的沃土，是我国北方少数民族世代生息繁衍的福地。它孕育了游牧文明，也是农耕文明与游牧文明的碰撞融合地带，在这里，不同文化相互碰撞、熠熠生辉，共同谱写了中华文明的恢弘乐章。这片土地上孕育出的仰韶文化、红山文化是中华史前文化的一部分，战国时期赵武灵王着胡服、学骑射，两汉与匈奴交往、和亲，两晋南北朝的鲜卑建立了雄踞北方的北魏王朝，隋唐与突厥建立了宗藩关系，契丹民族建立了辽代政权，蒙古民族创立了疆域广阔的大元王朝，明清与鞑靼、瓦剌等民族建立了藩属关系——历史上，北方少数民族或雄踞一方与中原交好，或入主中原，在不断风起云涌中铸就了内蒙古丰富、厚重的历史文化魂魄。进入近现代以后，内蒙古也走在抗敌御侮的前沿，为中华人民共和国的成立做出了巨大贡献。

　　这份丰厚的历史积淀当中，涌现了诸多杰出人物：他们或是一方霸主，统领一域；或是一代天骄，建万世之基；或是贤良能臣，辅助建国大业；或是时势英雄，救人民于水火；或是在各自领域堪称巨擘的名人雅士。这些人有耶律阿保机、成吉思汗、忽必烈、哲别、术赤、耶律楚材、乌兰夫、李裕智、尹湛纳希、玛拉沁夫、纳·赛音朝克图等等。

物华天宝，人杰地灵。广袤的土地除了养育了一代代的草原人，也成就了她丰富的地域文化：马头琴音乐、呼麦、长调等民族音乐，好来宝、二人台、达斡尔族乌钦等曲艺，安代舞、顶碗舞等民族舞蹈，刺绣、剪纸、民族乐器制作、生活用具制作等传统工艺，蒙医药、正骨术等传统医药医术，婚丧嫁娶等独特的礼仪习俗。内蒙古在音乐舞蹈、民间艺术、文学史诗、传统医药、手工技艺、民俗风情等方面都创造了独有的成就。

悠久历史文化滋养下的内蒙古，在党的领导下，迈向新的历史征程。内蒙古自治区成立以来，党和国家一直重视内蒙古的发展，也给予各类政策和经济支持。内蒙古也不负众望，各项事业均取得了令人瞩目的成就：经济保持平稳增长，人民的生活水平不断提高；民主法治得到有效推动；建立了独具特色的民族教育体系，民族教育水平不断提高；民生改善工作成绩斐然；生态文明建设取得较大成就；四通八达的立体交通网，把内蒙古与世界各地拉得更近……

纵观几千年历史，内蒙古在历史的长河中扮演了重要的角色，这不仅源于自然条件的得天独厚，也源于草原儿女的自立自强。虽然这片沃土上的民族大多以口耳相传的方式传承着自己的文化，但是仍有不少历史的碎片撒落在当地的史籍当中，这些史料汇集成册，将成为向世人介绍内蒙古的名片。为此，我们组织全区103个旗县（市区）的有关部门和专家学者，借助各地的丰富史料，把散见于各种资料中的人文历史、民俗文化、民间艺术、壮丽风光、当代风采、支柱产业等等汇编在一起，编纂出一套能够代表内蒙古总体面貌、能够反映时代特色和文化大区风范的大型读物——《话说内蒙古》，以展示我区经济发展、文化繁荣、民族团结、边疆安宁、生态文明、各族人民幸福生活的六大风景线。

一本书浓缩的仅仅是精华中的精华，万不足以穷尽所有旗县（市区）的方方面面。若本书为你敞开一扇了解内蒙古之窗，那么，读万卷书不如行万里路，内蒙古将以最大的热情迎接你：

赛拜侬——

欢迎你到草原来！

# 序

　　为热烈庆祝自治区成立70周年，喜迎乌兰察布市第十三届精神文明建设现场会在察哈尔右翼中旗召开，推动社会主义文化大发展大繁荣，进一步提升察哈尔右翼中旗知名度和影响力，为旗内外人士投资建设、交流合作构筑信息平台，由察哈尔右翼中旗政协牵头组织编撰了《话说内蒙古·察哈尔右翼中旗》一书。

　　《话说内蒙古·察哈尔右翼中旗》以翔实的史料、朴实的语言、精练的笔触，从历史回眸、文物古迹、风景名胜、风土人情、资源优势、建设成就、历史人物、重大事件等方面全方位对察右中旗的今昔作了详尽的展示与介绍。该书具有较强的实用价值，是人们了解察哈尔右翼中旗的宝贵资料。

　　察哈尔右翼中旗历史悠久，文化底蕴厚重，早在五六千年前的新石器时代，就有人类在此繁衍生息；春秋战国后期，这里已是我国北方游牧民族放歌日月、饮马星河的重要栖息地，境内众多的古城遗址至今尚存；到后来北魏拓跋珪西登武要北原，修造皇家御苑，元太宗窝阔台九十九泉点兵作战更是留下了诸多佳话；抗战时，绥中的抗日烽火在这里熊熊燃烧，谱写了一曲曲动人篇章。也正是在这片神奇的土地上，察哈尔右翼中旗人民怀着对美好生活的向往追求，铸就了勤劳勇敢、淳朴善良的品格，描绘出了历史文化与现代文明交相辉映的美丽画卷。

　　今天的察哈尔右翼中旗山川秀丽，风景宜人，物华天宝，资源富集，区位优越，交通便利，产业集聚，人文荟萃，成为创办实业、交易商品、集散物资、观光旅游的理想之地。

　　站在新的历史起点，察哈尔右翼中旗人民自强不息，勇往直前，承载着先辈的光荣与梦想，肩负着历史的责任与担当，在旗委、旗政府的坚强领导下，认真落实市委、市政府的决策部署，坚持稳中求进工作总基调，坚持创新、协调、绿色、开放、共享新理念，适应把握引领经济发展新常态，以提高发展质量和效益为中心，守住"发展、生态、民生"三条底线，把"围绕首都、依托首都、保障首都、服务首都、得益于首都"作为发展定位，大力实施"工业强旗、旅游立旗、项目兴旗、和谐稳旗"四大战略，全力打造"清洁能源输出和现代装备制造、有色金属冶炼及深加工、旅游观光、绿色农畜产品生产加工输出"四大基地，努力实现新常态下的新跨越，为全面建成小康社会奠定了坚实基础。

美丽富饶的察哈尔右翼中旗，实行全方位对外开放，以优良环境、优质服务、优惠政策，倾力"筑巢"，热心"引凤"，谨邀四方宾客，献计献策，共同浇灌这方激情燃烧的热土。

愿察哈尔右翼中旗的明天更美好！

察哈尔右翼中旗旗委书记　赵向阳

察哈尔右翼中旗人民政府旗长　刘超

# 目录 Contents

## 宗教概况

## 民族艺术

## 功勋人物

## 革命遗址

## 发展优势

## 扬帆破浪正当时

历史回眸

HUASHUONEIMENGGUchahaeryouyizhongqi

# 历 史 回 眸
### L I S H I H U I M O U

察哈尔右翼中旗,这片神奇的沃土,经历了沧桑岁月,走过了冬夏春秋,无论是茹毛饮血的远古时代,还是硝烟弥漫的烽火岁月,以及奋发作为的和平时期,翻过的是一页页可歌可泣的如诗画卷,为人称颂,被人赞叹。

### 基本情况

察哈尔右翼中旗(简称察右中旗)地处阴山北麓,内蒙古自治区乌兰察布市中部,位于东经111度55分43秒—112度51分20秒,北纬40度6分6秒—41度49分51秒。土地总面积4190.2平方千米,人口22.5万,是一个以蒙古族为主体,汉族占多数的半农半牧区,其中蒙古族5000人,其他少数民族1852人。辖2个苏木(库伦苏木、乌兰苏木)、4个乡(大滩乡、宏盘乡、土城子乡、巴音乡)、5个镇(科布尔镇、铁沙盖镇、黄羊城镇、广益隆镇、乌素图镇)和1个园区管委会(辉腾锡勒园区管委会)。旗人民政府驻科

旅游城镇标志——马踏飞燕

陶林县大印

布尔镇。

旗境内丘陵、平原各占42.3%，山地占15.4%，东部、中部为滩川相间的丘陵区，南部为辉腾锡勒高山草甸草原及西南山地，西部为大青山山地，北部为滩川地，地势平坦。镇内平均海拔1700米，辉腾锡勒景区平均海拔为2100米。

察右中旗昼夜温差大，年平均气温为1.3℃，年日照时间为3010.9小时，年平均降水量为300—400毫米，无霜期100天左右。

主要矿产资源有金、铝土、铜、铅、锌、铁、石棉、水晶、萤石、蛭石、海泡石、石灰石、钾长石、石英矿砂、硅石等。特别是钾长石、石灰石、蛭石等资源十分丰富。

## 如歌岁月

察哈尔右翼中旗，顾名思义，指蒙古察哈尔右翼中部之旗。清朝设置蒙古察哈尔八旗，此地为察哈尔八旗之右翼镶蓝、镶红旗驻牧地和陶林县属地，1954年取消旗县并存，由原镶蓝镶红联合旗与陶林县合并，成立察哈尔右翼中旗。

察右中旗，这片文化底蕴深厚而生机勃勃的土地，充满了地理与

镶红旗、镶蓝旗总管府示意图

人文的灵秀，洋溢着开拓与创新的激情，于时代潮头奋起追梦，在辉腾锡勒脚下壮怀放歌。

早在五六千年前的新石器时代，就有人类在此繁衍生息，绚烂的民族文化之花也开始在此孕育。春秋战国时期，境内北部为匈奴所据，南部隶属赵云中郡。秦汉时期，由雁门郡、定襄郡、云中郡分治。魏晋时为拓跋氏所据。北魏时隶属梁

原陶林县政府门前的抗战军官，左起守备军司令王赞臣、骑二师副官王仲芳、县长赵帛铭

民族文化一条街

城郡。唐初置云中都督府。五代时归辽，为丰州富民县之东部地。元朝时，东部隶集宁路，中部隶德宁路，西南部隶大同路。明宣德以后大同边外地至四子部落境属蒙古察哈尔部领地。旗境属察哈尔镶蓝旗、镶红旗部分属地。清乾隆年间设口外通道，隶归绥道宁远厅。丰富的皮毛及畜产品资源，使这里成为了内地与塞外通商的重要集散地，车马络绎，商埠繁茂。清光绪二十九年（1903年），随着汉族移民的增多，在镶蓝、镶红两旗境内设陶林厅。民国元年（1912年）改厅为县。抗日战争时期，这里又燃起革命烽火。李井泉、姚喆、杨植霖领导的八路军大青山支队为了民族解放、人民幸福，浴血奋战，留下了追求真理的光辉足迹。

1948年10月，陶林解放，成立陶林县人民政府。1950年1月，镶蓝旗与镶红旗合并为镶蓝镶红联合旗。

1954年3月17日，由原镶蓝镶红联合旗的第一区和第三区的大南沟乡、转山子乡、十一苏木的东西营子、原陶林县的一至五区，卓资县北部的金盆乡、转经召乡、三道沟乡、东胜乡（半个）合并，建立察哈尔右翼中旗，简称察右中旗。

察右中旗，这片神奇的沃土，经历了沧桑岁月，走过了冬夏春秋，无论是茹毛饮血的远古时代，还是硝烟弥漫的烽火岁月，以及奋发作为的和平时期，翻过的是一页页可歌可泣的如诗画卷，为人称颂，被人赞叹。

东山公园

绿树成荫的幸福公园

文物古迹

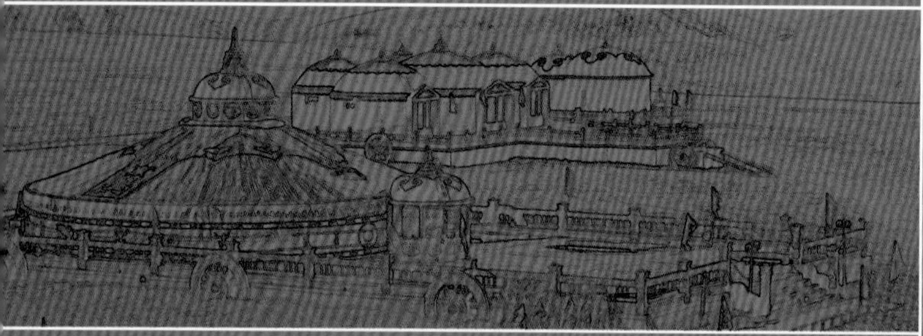

HUASHUONEIMENGGUchahaeryouyizhongqi

# 文 物 古 迹
## WENWUGUJI

察哈尔右翼中旗历史悠久，很早以前我们的祖先在这块土地上劳动、生息、繁衍，遗留下许多丰富多彩、具有地方特色与民族特色的珍贵文化遗存，为我们研究、认识它的真实历史提供了可靠的实物资料。

察右中旗历史悠久，很早以前我们的祖先在这块土地上劳动、生息、繁衍，遗留下许多丰富多彩、具有地方特色与民族特色的珍贵文化遗存，为我们研究、认识它的真实历史提供了可靠的实物资料，也

元代白瓷盘

为开发建设察右中旗提供了基础信息与资源。

中华人民共和国成立以来，文物考古工作者、地质与古生物工作者，都曾经来这里做过实地考察，有不少重要发现。特别是1956年、1986年、2008年开展的三次全国文物普查，工作者们已初步掌握了察右中旗境内的文物分布情况。

## 古生物化石

在二号地、乌兰哈页一带，发现了距今二亿年的树化石，证明在遥远的古代，当时这一地域依山傍河，气候温和，山坡上长满茂密的森林，常有野兽出没。距今一千万年的动物化石，主要发现于铁沙盖九股泉和华山子、宏盘一带。其化石种类有乳齿象、古鹿、三趾马等。大量的动植物化石的发现，为探讨、研究这里的地理及气候变迁提供了可靠的科学依据。

从文物普查发现，早在新石器时代，义发泉一带已有人类生息、繁衍，并出现以狩猎为主的生产活动。1972年9月，由中国科学院古脊椎动物与人类研究所、北京大学历史系考古专业、内蒙古博物馆及内蒙古文物工作队所组成的联合考察组，在义发泉遗址中发掘和采集的石器有直刃刮削器、多边刮削器、

白釉碗

凸刃刮削器、凹刃刮削器和砍砸器。

境内发现辽、金、元时期遗址188余处，遍及全旗。这一时期由于铁器的普遍使用，生产力提高，制瓷业达到鼎盛阶段。遗址中的遗存主要以陶、瓷器为主，器形以瓮、罐、盆、碗居多，瓷器占比例较大，釉色以白、白黄、酱色为主，窑口以前钧窑、龙泉窑、磁州窑、耀州窑、景德镇窑系为主。此外还有砖、瓦等建材。

明清时期，随着佛教、喇嘛教的传入，旗境内建立了许多庙宇，但在"文革"中，由于破"四旧"，部分庙宇遭到严重破坏，现仅存部分庙址遗迹。

旗境内发现古城边堡亭障15处，主要分布在辉腾锡勒、广益隆、克力孟一带。这15处古城堡分别是辉腾锡勒遗址10处（西汉—辽、金、元），七苏木汉代边堡1处，土城子唐代、金代古城1处，克力孟元代古城和克力孟金、元代边堡2处，

广益隆金、元代古城1处。其中广益隆古城最为著名，城址最大，属于元时期路州一级的建制，是内蒙古自治区重点文物保护单位。它是研究北方民族政治、经济、文化、军事、历史的重要依据。

此外，通过第三次全国文物普查，确认目前察右中旗境内不可移动文物296处。其中国家级重点文物保护单位2处；自治区级重点文物保护单位4处；旗级重点文物保护单位51处。馆藏文物382件（套），其中以2008年在广益隆古城出土的蒙古八思巴文牌符最为著名，属国家一级文物，现收藏于内蒙古自治区公安厅，还有各类文

金代鸳鸯戏水纹盘

物标本3000余件。

## 克力孟新石器时代遗址

距今约六七千年前，中国辽阔的土地上散布着大大小小的氏族部落，留下了丰富的文化遗存。这种文化样式因1921年首次发现于河南渑池县仰韶村而被命名为仰韶文化。

新石器时代人类活动场景

考古学上按时代分为半坡类型、庙底沟类型和半坡晚期类型。察右中旗克力孟遗址属仰韶文化庙底沟类型，比较清晰地反映了这个时期母系氏族社会的面貌。

该遗址在察右中旗库伦苏木克力孟嘎查北约500米处的草原上，地势北高南低，呈缓坡状。目前，发现了近百件石器，有砍砸器、尖状器、刮削器和石磨、石棒、石斧等，还发现了红陶碎片。遗址地表草木不生，散布有大量的玛瑙碎石和火山石，还有少量的红陶残片。内蒙古自治区文物考古研究所认为，该遗址属新石器时代仰韶文化庙底沟类型，距今大约6000年。

克力孟文化遗址的先民，其生活的时期正是全新世中期的一段时间。这时全球出现过世界性的气候回暖现象，国际上叫做"气候最适宜期"。由于当时气候温暖湿润，降水量大，因而克力孟遗址下方的丁计河水量大，河谷林木茂盛，禽兽繁多。

那时人们的经济生活虽然有了一定的提高，但原始、简陋。由于食物粗糙，咀嚼费力，其下颌骨比现代人粗壮，牙齿磨损严重。因为生产力低下，生活资料缺乏，只有维持共同劳动、共同消费的生活，才有可能延续全氏族成员艰苦的生活。多数人的年龄只有三四十岁，大量儿童夭亡，

首饰

石斧

石磨板、石磨棒

只能靠多生育,妇女在氏族中占有的重要地位由此凸显,这是母系氏族公社的繁荣时期。

### 西汉北魏长城遗址

近年来,在旗境内发现疑似汉长城30千米,辉腾锡勒汉长城从卓资县巴音镇往东,经708台,向东延伸到栗家堡、三盖脑包村,向北进入察右中旗杏桃沟、五道沟、七道沟村转向西行,进入新教滩、龙胜义、草垛山、蓿麻湾村向西南延伸至二道坝牧场。整段长城呈一个大"几"字形。现今遗址内叠压有唐代和北魏的文化堆积层,表明这座城址曾经被后代沿用过。

北魏明元帝拓跋嗣泰常八年(423年),北方草原民族柔然南下入侵。北魏筑长城"起自赤城,西至五原,延袤二千余里,备置戍卫",以防柔然侵犯。在道武、明元时期,北魏的战略意图都是建立在对柔然南侵的牢固防御上的。察右中旗境内的长城由河北张家口的张北经内蒙古的化德、商都、后旗进入察右中旗的乌素图、巴音、库伦苏木的高腰海,又延伸到四子王旗。全长28千米,东西走向。2001年6月25日国务院批准为国家级重点文物保护单位。

北魏长城

与此同时，北魏在北方地带兴筑了一系列的城镇、戍堡，其中著名的六镇都筑在长城以北地带。这六镇中，武川镇城址在今武川县乌兰不浪土城梁，抚冥镇城址在今四子王旗库伦图城卜子，柔玄镇城址在今察右后旗白音查干镇。与此毗邻的察右中旗土城子乡城卜子村今有一处古城遗址，是当时的一座戍堡，驻扎边防军，相当于师团级军事建制。

### 北魏御苑遗址

北魏九十九泉御苑遗址位于阴山山脉东段辉腾锡勒，辉腾锡勒东西横亘今察右中旗、卓资县、察右后旗一带，东西长约50余千米，南北宽约20余千米，平均海拔高度2000米，梁顶为较平缓的高原草原，只有少量突起的小山峰。

在辉腾锡勒的中南部，即察右中旗南部与卓资县东北部交界地带，分布有若干死火山口，呈不规则椭圆形，面积大小不等，直径约200至1500米，深3至10米。这些死火山口内，部分被淤埋成平底，淤积后能积存雨水山泉，形成小面积的高原湖泊。这些星罗棋布的湖泊群，古代未曾命名或编号，统称作九十九泉。史籍记载北魏、辽、金、元时代的帝王将帅们，在夏秋酷暑难耐时节到九十九泉避暑游幸或操演兵马，因而九十九泉便成为历史上负有盛名的阴山胜迹。

蜿蜒在辉腾锡勒上的长墙，从

北魏御苑遗址碑

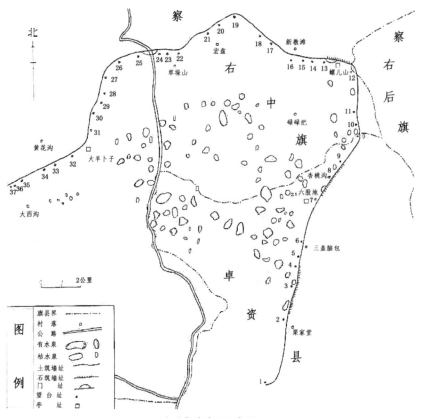

北魏御苑遗址分布图

东、北、西三面包围了辉腾锡勒，总计全长 40 余千米，在察右中旗境内全长约 25 千米，这条长墙应是北魏皇帝将九十九泉辟为御苑时所筑的苑墙。多是就地取土垒成，无明显著夯层，也有石块垒砌。沿苑墙内侧分布有一系列的望台，即守卫苑墙设的瞭望点。这些望台遗址位于苑墙内侧 5 至 50 米，大都是用土夯筑而成，夯层厚约 10 厘米，因水土流失而呈土堆状。保存较好的望台隐约能看出原为覆斗形，边长 5 至 15 米不等，残高 1.5 至 6 米；少

数为石块垒砌，都已倒塌失去原貌。两望台间距离一般为 300—500 米，也有 1 千米至 2 千米的。苑墙沿线共分布有望台 38 座，而只在距亭较远的望台旁侧建有少量房舍，为邻近的几座望台戍卒所居，现存的石

北魏御园

砌房屋基址只有4处，且多数已看不出原来形制。

据《魏书·太祖纪》记载，北魏道武帝拓跋珪曾于天赐三年（公元406年）"丙辰，西登武要北原，观九十九泉，造石亭，遂之石漠"。这里的造，是造访的意思。石亭，是用泥土夯筑石头包裹而砌的瞭望哨所。《魏书·太宗纪》记载明元帝拓拔嗣在泰常元年（公元416年）七月"观于九十九泉"。柔然每年秋冬季入侵，太武帝拓跋焘每年夏秋间"巡幸阴山"。

### "七郎山"鲜卑墓遗址

墓地位于土城子乡七郎山西坡一冲沟的北侧。两次发掘共清理墓葬20座。以墓葬的结构和规模可分为大、小两类墓葬。大型墓为长方

青花缠枝花卉小罐

形竖洞室墓，由洞室和墓道两部分组成，墓道长8至10米；墓道前端开洞室，洞室进深3至4米；洞室口部用自然石块封砌。墓内皆置木棺一具，木棺呈头大尾小状，由于木棺较大，故在其底部装有用圆木特制的木轮，使木棺沿斜坡式墓道滑行进入洞室之内。小型墓为竖穴横洞室墓，横洞室位于竖穴的西侧，这类墓一般墓口长2—2.8米，宽0.8—1.2米，深1.3—3米，洞室口亦用

明代海兽葡萄纹铜镜（背面）

自然石块封堵，这类墓中多置木棺一具，个别墓内侧无任何葬具。这批墓葬有的在木棺之上绘有红彩；墓内尸骨多为侧身曲肢葬，少数的仰身直肢葬，均头向北。同时还发现有殉牲习俗，一般多为羊肩胛骨。墓内随葬品有陶壶、罐、皮囊、金耳饰、铜指环、铜（铁）带扣、珠饰及"货泉"钱币等。

通过对墓葬形制及出土遗物的初步分析，墓葬在形制、葬俗和随葬品等方面均具有浓郁的游牧民族之习俗特点，其年代大致在西晋至北魏时期。

鲜卑族于公元3世纪由呼伦贝尔大草原南下至阴山南北地区，经过近百年的休养生息和战争，逐步在北方草原的广阔地区形成了强大的部落大联盟，其最早建都盛乐城（现和林格尔土城子古城），随后于公元386年入主中原，定都平城（现山西省大同市），其后迁都洛阳，建立了统治中国北方地区达150余年的北魏王朝。因此，在内蒙古自治区境内留下了极其丰富的历史文化遗存。七郎山墓地的发掘，对研究内蒙古中南部地区的鲜卑遗存有着极其重要的意义，特别是石墙封堵横洞室墓的出现和装有特制木轮的木棺及大量的侧身曲肢葬等，在目前我国其它地区同时期鲜卑墓葬

中极为罕见。因此，这处墓地的发掘对于了解鲜卑族由大兴安岭南迁逐步强大，最终建立政权的发展史提供了新的资料，从而为研究北方少数民族与华夏民族的文化交流与民族融合、进一步探讨中华民族多元一体格局最后形成的历史进程起到积极的推动作用。

### 广益隆古城遗址

古城位于察右中旗广益隆镇政府所在地东北约4千米，土城村西0.5千米处。城址平面呈菱形，城内分东西两城，东墙宽733.3米，南墙长1066.6米，西墙宽666.7米，北墙长1099.9米。城内西南部地区地势较高，地表有建筑遗址。东城墙

广益隆古城出土的八思巴文牌符
（正面）（复制品）

广益隆古城平面图

元代梅瓶

元代磁州窑酱彩梅瓶

元代黑釉中口罐

元代磁州窑酱彩花卉纹玉壶春瓶

外的关厢地带分布有许多建筑遗址，南城墙边有几组品字形布局的建筑遗址。古城东、南、西三面城墙保存较好，东城北墙有部分残存，古城四角残存有角楼。

西城区始建于金代，是防御蒙古军队的一座戍堡。成吉思汗南下后变为边贸集市，到元代忽必烈时扩建续建了东城区，成为元朝"腹里"一座较大的城镇，也是汪古部的政治经济重镇。北城区在谷歌地图上依稀可辨，实地查看已漫漶不清，疑为水毁。这三个城区的建筑年代和关系以及用途有待考古发掘进一步研究判断。

蒙古汪古部世代居住在大青山

元代白瓷钵

元代银龙

清代索子甲

清代铜碗

以北地区，因其部落长协助成吉思汗南征有功，与其结为姻亲。1252年蒙哥汗执政时期，就已划定集宁、砂井、净州、安达堡子为其封地，这四座古城的身份已经查清，只有广益隆古城迷雾重重疑团种种，至今不知它的名称和确切的建造年代以及功用。它是集宁净州砂井一线上处在中间位置的最高城池，在汪古部领地的核心区。从规模和出土的陶质高浮雕龙纹贴墙砖来看，广益隆古城的等级远在集宁路之上。封建社会使用"龙"这一符号是有严格规定的，只有帝王或者亲王才能使用。汪古部的部长多位是元朝驸马，多人被封为北平王、高唐王、瑜王，十四人封为赵王。照常理他们有资格使用龙的符号。

元朝建立后忽必烈设立上都和中都，这种"两京制"成为一个定期移动的政权，夏季在金莲川的草原，冬季则在中都地区，每年各有半年在南北移动。这种既保持游牧军事力，又掌握经济力的方法，汪古部等宗王集团也纷纷效仿，在自己的夏营地与冬营地，设置了小型的夏都与冬都作东西或者南北的移动。敖伦苏木古城考古发掘证实是赵王城，是汪古部部落长夏天居住和处理政务的夏都。

清中期，一位俄国旅行家在他

枢府釉印花碗

的游记《旅行者》中对广益隆古城有过记述，俄语从蒙语转译叫"乌博勒兹城"，汉语的意思是冬天的营地。据此推测中旗广益隆古城很有可能就是汪古部落长的冬都。这个推测有待以后文物、文献的印证。

从目前出土的文物来看，很多遗址遗存都有被烟熏火燎的痕迹。这是怎么回事？原来1351年中国爆发元末农民大起义，1357年红巾军分三路北伐，关铎、潘成沙、刘二率中路军进入山西，1358年"掠大同兴和塞外诸郡"，"上都千里，皆为红贼称伪"。大同集宁路破城后，广益隆古城经历了第一次战火。十年后，朱元璋派大将徐达、常遇春开展"永清沙漠"行动，征伐北元，

重新修复不到十年的古城再遭兵燹而毁。

《旅行者》中记载了清中期还有零星的居民在这里劳作生活，但是作为城池，它早已是"黯淡了刀光剑影，远去了鼓角争鸣，埋没了黄尘古道，荒芜了烽火边城"。这座古城静静地在草原上沉寂了六百多年。

### 元太宗窝阔台官山会议记事碑

1231年农历五月春，元太宗窝阔台在官山（今内蒙古察右中旗辉腾锡勒）大会诸王大臣。窝阔台首先说："人们都说耗靡国家的主要是敌人和战争。现在金国还没灭，是我的心头大患，各位有什么高见？"

窝阔台像

拖雷说："我有一计，但不是每个人都能听。"元太宗窝阔台屏退左右，只留下亲信大臣，拖雷把他的想法说出来。原来，凤翔被拖雷攻克后，降将李昌国提议："金哀宗迁都汴京，凭借黄河、潼关天险，负隅顽抗。如果大军出攻宝鸡，进入汉中地区，不出一个月就可以抵达唐、邓二州。金国皇帝他想也想不到，误以为我们是神兵，从天而降。"

拖雷想到自己父亲铁木真临终前也叮嘱如此做，便以为李昌国的计策可行，这时便原原本本地告诉窝阔台。

元太宗非常高兴，对诸王大臣说："父皇在世时曾经告诉我们如此行事，现在拖雷又说出来，这太好了。"元太宗最后决定，兵分三路大举进攻金国。元太宗窝阔台自己率兵南下，从白坡（今河南孟县西东）渡黄河，入洛阳；铁木哥斡赤斤统率左路军由济南进兵；拖雷指挥右路军从凤翔渡渭水，过宝鸡，经宋境，沿汉水东下。相约来年春天，三路大军合围金都汴梁。这就是历史上著名的"官山会议"。1231年农历六月，窝阔台南征途中由于天气炎热难耐，返回九十九泉避暑，等秋凉后又挥师南下。1232年农历四月，窝阔台从河南经河北镇定进入北京，后出居庸关，避暑官山。这是史书上有关窝阔台三次来辉腾锡勒的确切记载。

**链接：** 据元史记载，元世祖忽必烈曾命名过一个地方叫"赛宝勒格"（或三不剌，意为泉水丰富的地方），这一区域地势平坦广阔，水草丰美，气候宜人，土壤以沙地为主，适合种植瓜果和蔬菜，有玛瑙石。当时元廷派南宋俘虏在此种植瓜果蔬菜，但后人一直没有确定具体位置。近年来，经多方考证，初步确定"赛宝勒格"的位置就在察右中旗的义发泉、巴音（全称巴仁宝勒格，意为西水泉）、乌素图（意为有水的地方）这一带。

据史料记载，1231年农历五月春，元太宗窝阔台在官山（今辉腾锡勒）大会诸王大臣，部署来年春

元太宗窝阔台纪事碑

公元1231年春，窝阔台与诸王在官山(今内蒙古察右中旗辉腾锡勒)B开大会，商讨攻金方略，决议兵分三路：窝阔台率中路军攻河中府(今山西永济)；铁木哥、斡赤斤率东路军进兵济南；拖雷统西路军攻打宝鸡。三军约定来年在汴京(今河南开封)合围。元太宗曾多次巡幸辉腾锡勒，留下点将台、兵器库等遗址。

察右中旗文物管理所
2013年5月1日

窝阔台记事碑

内蒙古自治区重点文物保护单位

窝阔台点将台

内蒙古自治区人民政府
于二〇〇六年九月二十六日公布

点将台

那日斯太天然林保护区

天三路大军合围金都汴梁，也就是历史上著名的"官山会议"。由此推断，官山是元朝多位皇帝经常从上都（正蓝旗）或大都（北京）来此巡游、打猎、祭祖、大会诸王百官的地方。

综后此前广益隆古城有关资料考证，能够供应几十万将士和一座城池军民的日常食品，需要一片广阔的田地，而赛宝勒格地区不论从地理位置还是资源禀赋恰好能满足这些需求，因此，赛宝勒格应为当时红城和驻守官山的元代将士的食品供应保障基地，且和红城、官山呈品字形布局，是当时非常重要的战略要地。

风景名胜

HUASHUONEIMENGGUchahaeryouyizhongqi

# 风 景 名 胜

FENGJINGMINGSHENG

察哈尔右翼中旗境内旅游资源丰富，其中以辉腾锡勒最为著名，2014年辉腾锡勒景区被命名为国家级旅游服务标准化示范区，同年被评为国家4A级旅游景区；2015年中国气象协会在辉腾锡勒举行了"乌兰察布·中国草原避暑之都"授牌仪式。

### 黄花沟地质公园

辉腾锡勒地势高峻，层峦迭嶂，绵亘千里，在蒙古语中意谓"寒冷的山梁"。它平均海拔约为2100米，冬季漫长寒冷，夏季凉爽短促，昼夜温差迥异，有"三伏天六月雪"的天气奇观，更有"早穿皮袄午穿纱，抱着火炉吃西瓜"的趣闻传奇。由于清凉宜人，故以塞外避暑胜地著称于世。

沧海桑田的地质运动，雄奇伟力的大自然鬼斧神工，造就了独特

黄花沟地质公园

黄花沟地质公园

的黄花沟地貌特征。黄花沟地质公园位于辉腾锡勒腹地，东南距乌兰察布市所在地集宁区66千米，西南距自治区首府呼和浩特110千米，距京畿之地430千米。"黄花"为蒙古语，杭克勒之转音，汉译为峡谷盆地。走进黄花沟地质公园，揭开她神秘的面纱，展示在我们视野内的是高原别样的景致和独具魅力的自然风光。

黄花沟地貌是晚古生代时期的产物，其地处华北地块的北缘，由于受北部古生代蒙古造山带的影响，二叠纪形成大量的侵入岩，黄花沟岩体就是具有代表性的侵入岩之一，该侵入岩宏观上最主要的特征是原

生和次生节理异常发育，由于这些节理的相互切割和后期风化作用的改造，使岩体裸露，斑斑驳驳，纹理纵横，古朴苍劲。进得黄花沟入口，只见两侧悬崖峭壁，层峦叠嶂，奇石林立，形成了形态各异、别有洞天的地貌景观，先人们赋予这些花岗岩地貌很多富有诗意的名字和美丽的传说，它们分别被形象地称为"双驼峰""卧龙峰""剑门山""佛手山""神龟岭""挂瀑崖""仙人洞""双叠泉""一镜天""木鱼台"和"神葱岭"等等，它们形神兼备，栩栩如生，是塞外难得的天然花岗岩奇石博物馆。

黄花沟的神葱岭，从巨大的绝

地质公园

葫芦泉

鬼斧神工

人面像

壁深处源源不断地喷涌出一股清泉，在巨石下面形成了滴水潭，潭水冬暖夏凉，清甜可口，醒脑提神，故称圣母泉；另一股清泉从石缝间汩汩流淌，千年不歇。两股神泉汇合后，与奇峰怪石、花草林木相映成辉，如诗如画。有一仅容一人钻过的洞穴，洞内"仙气"充溢，人处其中恍若超凡脱俗，飘飘欲仙，故称脱凡洞；另有"仙气"袭人的一镜天和高达十几米的佛手山，有由驮水神驼形成的骆驼峰，有喝了圣母水、天长地久蹲在山巅上的蛤蟆峰，有神石制作成的圆形石桌，供上古先人下棋的洞穴——贤人轩，有想吃神葱但难以如愿的双羊峰，有恰似经书佛卷的夕阳崖，有水绕石流、形似木鱼的巨石木鱼台等等。这些神奇瑰丽的自然风光，令人叹服。

沿神驼峰背往上攀，即可上神葱岭。相传，王母娘娘派神农种植的神葱就生长在神葱岭的顶端，每逢草绿花红、百鸟鸣啭的盛夏，神葱一片翠绿，葱香四溢。在三年一度的蟠桃盛会上，神葱作为一道美味佳肴，被王母娘娘点上宴席。因为神葱具有防病治病的独特功效，王母娘娘担心其被盗入凡间，特命两个神童看管。后来邻近的百姓发现了神葱的神奇功效，便在每年农历五月十三烧香许愿，祈求天神保佑。因神葱岭巨石光滑，无法攀登，多少年来，没有一人能到顶峰，自然也不会探究到其中的奇妙之处。传说有一年，一个牧羊人看见神葱一片翠绿，萌生了尝鲜的念头，可转了几天也采不到手，于是做了一根长长的牧羊鞭抽下几片葱叶，六月天杀了牛羊，把神葱叶放在上边，居然七天不腐坏，下锅齐煮，味道鲜美，回味悠长。

品黄花沟奇峰怪石之神韵诗意，又观火山湖独特风姿之浑然天成，可谓一景胜于一景，处处尽显妖娆。

黄花沟景区的东侧是宽广辽阔的玄武岩台地，台地之上散落着大大小小的火山口湖。这一带的玄武岩，形成于200多万年前的新近纪，

第四纪以来仍有较强的火山喷发，由于火山活动以熔浆溢出为主，基性岩浆流动性较好，所以该火山基本上没有形成明显的火山锥，大多仅发育成很低缓的锥体，锥体由近火口向溅落堆积的熔结集块岩构成，常见火山带和熔岩团块。第四纪以来由于地壳抬升，该地形成了大规模的火山台地，火山活动开始为裂隙式喷溢，后期收缩为夏威夷点式喷发，每个火山口最终成为一个火山湖，置身其中，人们很难察觉到已步入火山口中，但从空中俯瞰，就能清晰无误地分辨出一个个像浅碟子一样的圆形火山口。这片玄武岩台地上，发育有成百上千个大小不一的火山湖，火山湖多呈串珠状

黄花

**黄花沟小桥**

资源，堪称一绝。黄花沟景区地处阴山山脉，其岩画可追溯至旧石器时代晚期，阴山岩画早在公元5世纪时就被北魏伟大的地理学家郦道元所发现，并在享誉中外的鸿篇巨著《水经注》中作了翔实的记述，成为世界上对阴山岩画最早的历史记录。2007年辉腾锡勒旅游区被内蒙古自治区人民政府批准为自治区风景名胜区。2013年黄花沟被内蒙古自治区国土资源厅批准为自治区级地质公园资格。

分布，大部分呈圆形或椭圆形，直径大小不一，一般为150—300米，深度变化大，一般为20—50米，靠地下泉或地表径流补给，天旱面积缩小，雨涝面积增大，这些火山湖素有九十九泉之称。它们宛如高原草甸上一颗颗璀璨绚丽的明珠，构成了一道绝美的景致。

绝美的风景往往蕴藏在大自然的深处。"山不在高，有仙则名；水不在深，有龙则灵。"著名的地质学家、中国地质大学白志达教授，在黄花沟景区以南的汉诺坝玄武岩中发现了罕见的陆相厚层枕状玄武岩，其具有独特的观赏价值、科学研究价值和科普教育价值。如此奇特的玄武岩，在国内地学界还不曾有报道，称之为一处极好的地学教育基地，并不过誉。

黄花沟景区还拥有丰富的岩画

## 高山草甸草原和九十九泉

辉腾锡勒草原享誉中外，是世界上少有的高山草甸草原，平均海拔2100米，植物覆盖率为80%—95%，堪称"鲜花草原，清凉乐园"，在历史上曾是帝王将相的消夏之所，屯兵之地，如今为百姓休闲避暑和游览观光的胜地。古往今来，有众多文人墨客慕名前来，对这幅具有灵气和动感的山水画卷，吟诵出了诸如"春风吹拂百草萌，夏雨滋润绿葱茏，秋高气爽层林染，冬雪纷飞遍地银"之类的美文佳句。它不仅以它肥美的草场养育了一代又一代的牧人们，而且它独特的自然草原风光堪称塞上一绝。

1688年（康熙二十七年五月），钱良铎在其游记《出塞记略》中对辉腾锡勒的自然景色有如下记述："十五日，晓晴，四山清皎，忽有白雾……行至五十余里，忽见高山挡面，望无路可通，近而即之，豁然中开，两崖壁立，中为坦道，以达往来。天造地设，绝无登陟之劳，窈窕盘旋，贯山而进，流泉一道，随路曲折，或左或右，蜿蜒而西。山石尤奇，石中空，不知浅深，如瓮如屋，凡数十处。相传文殊趺坐禅修之所，或如伏虎蹲踞崖端，或如笔架，或如剑锋，森森散布。上下皆有树，为桦木，为山杨，有大盈抱者。山苍树翠，十余里掩映相属。塞外佳景未有过此者。山名柳毋陀阿诡，南去大同不远。盖出关以来路皆西行，至是稍杆而西北也。权憩山尽处，水边树下，草特肥沃，纵马饮食，有垂钓者，水急不能待鱼。骤雨忽做旋之，又行二十里，屯于迭不逊哥儿，译言山坳也。其他平而四面皆山。一山名敖希克，译言肺也，对面山名诸勒可，译言心也。盖皆山之形状。山巅有九十九泉，伏流而下，汇为长河，直达归化城……"

辉腾锡勒通常的说法也即狭义指旗下营东苏勒图至集宁附近的乌德（蒙古语为大门）沟口。广义把正蓝旗以西至镶蓝旗以东一道山线统称为辉腾锡勒。康熙年间，这里"山苍树翠，十余里掩映相属"，时过三百多年，当年钱良铎足迹所到之

高山草原

九十九泉

处，而今只依稀可辨，可想沧海桑田之变幻……

察哈尔右翼中旗境内的辉腾锡勒草原，犹如一道绿色的天然屏障，高踞于海浪般起伏的山丘与沟壑之上，堪称阴山屋脊。

古今闻名的敖伦淖尔锡勒就分布在辉腾锡勒的最高处（敖伦淖尔，蒙古语为多泉之意，汉书称之为九十九泉）。九十九泉系大黑河（汉魏时称荒干水，辽金元明清称黑水，蒙古语称伊克图尔根河，现通称大黑河）的主要源流，辉腾梁上，百泉成海，千流为网，诸泉水在什家汇合后，南流卓资山。《中国地质构造》说："九十九泉为大同火山群的火山喷发后，积水成湖，其中尤以大狼素等海泉最为壮观。"湖面直径大小不等，为我国北方一大

著名的自然奇观。辉腾锡勒草原因水草丰盛、夏秋凉爽，早为我国北方的避暑胜地。这里景色优美，天气多变，时而浓云密布、大雨滂沱，时而晴空朗朗、光华熠熠，阴晴雨降，

辉腾锡勒草原九十九泉

辉腾锡勒高山草甸草原

就在一山之隔，一沟之差。多变的天气，带来了明显的温差。同一季节，忽而凉爽如秋，忽而温暖如春，有时天气炎热如夏，有时却会有轻盈的飘雪。在平缓的山坡梁上，绿草茵茵，各种野花点缀其上，争奇斗艳，尽吐芳菲。放眼远望，茫茫原野，满目青翠。远处山头，云裹雾罩，虚幻缥缈，令人陶醉。每逢夏日，分布在高山之巅的众多湖泊，宛若镶嵌在蓝天与高山之间的珍珠，波光闪闪，相映成趣，招来一群群南国的鸿雁、天鹅、灰鹤等各种各样的水鸟。这些大大小小的湖泊，有着诗一样美的名字，如狼素海子、石门海子、鸿雁海子、马尾海子、小青海子等等。夏季，圆圆的海子像一面面明镜，倒映着蓝天白云和雁阵鹰影，湖泊四周的一簇簇、一丛丛色彩纷呈的野花，宛若湖泊被镶了一圈锦绣花边，恍若仙境，旖旎如画，美不胜收，呈现出"天光云影共徘徊""落霞与孤鹜齐飞，秋水共长天一色"的壮美景象。

### 辉腾锡勒与历代帝王

辉腾锡勒这一塞外景致，北连科布尔低洼的草原湿地，南临滔滔的大黑河。"草木茂盛多禽兽"，这里自古就是北方游牧民族的天然苑囿，更是历代君王的避暑盛地。

据传，来这里观光避暑的第一

拓跋珪像

位皇帝是北魏的拓跋珪。他是鲜卑民族脱颖而出的英雄，又是高扬霸主之鞭、逐鹿天下的一代君王，降生于古之参合陂（今凉城县岱海附近），殪刘显，屠卫辰，平慕容，定中厦，经过十几年的纵横捭阖，一统北方广袤的疆域，于公元396年定都盛乐，398年迁都平城（今山西大同）称皇帝，史称北魏。公元406年农历八月，拓跋珪饱览了九十九泉的秀美风光。

一代天骄成吉思汗，曾在九十九泉立马垂鞭，尽览湖光山色，因泉不足百，舍爱而去，最终没有在此定都，后世黎民百姓懊悔万分，为何不是百泉？一云游高僧观九十九泉后说，百泉之求错矣，岂不闻百川归大海，如果九十九泉变成百泉，必然汇成一江春水东流入大海去了，焉能有如此美景。九十九泉神奇，奇就奇在九十九，百川多入海，万事难为全，阴晴满损月，悲欢离合

成吉思汗像

缘！

像成吉思汗一样巡游过辉腾锡勒蒙古族皇帝的便是他的第三子窝阔台皇帝。据《元史》记载：绍定三年（公元1231年），夏五月，避暑于九十九泉。公元1227年，成吉思汗在西征途中驾崩，传位于窝阔台。窝阔台继位之时，正值向金国大举用兵之际，在戎马倥偬之中，他率部在九十九泉安营扎寨。

公元907年，契丹首领耶律阿保机称帝建辽，定鼎之前，阿保机曾率七万骑兵，横越今察哈尔境内，来云州与唐河东节度使李克相会，结为兄弟。公元916年，今整个察哈尔地区便成了契丹王朝的辖地。公元951年，契丹第三代皇帝辽世宗登上了九十九泉。这年六月，他在此举行夏奈钵，避暑观光。八月，

又召集各部首领，统帅各路大军，一路烟尘滚滚，麏集于九十九泉一带,商讨决策军机大事。公元1043年，辽兴宗耶律宗真于重熙十二年亲征夏国，会大军于九十九泉。元太宗三年夏五月，避暑于九十九泉。

清初康熙大帝征讨噶尔丹返回途中，路过九十九泉，见此地风景秀丽，气候凉爽，既有草原苍茫雄浑之韵味，又有江南水媚清秀之色彩，叹为观止。他曾想在此建避暑行宫，虽然最终因种种原因未能如愿以偿，但假如当年康熙大帝果真在这里建成避暑行宫，那么承德的避暑山庄当让位于九十九泉了。

辉腾锡勒不愧为塞外之灵壤，绥东之雄奇。她高踞于苍茫无垠的漠南蒙古草原，以阴山屋脊之美誉，蜚声于边陲北地。她的魅力，不止于景色的壮观大美，皇家围猎的策马骑射，更在于她得天独厚的地缘优势，这些都吸引历代帝王将相纷至沓来，开疆拓土，君临天下。他们爱美人，爱景色，更爱江山。自古以来，这里烽燧连绵，长城盘桓，龙盘虎踞，营帐林立，同时风光秀美，物产丰富，牛肥马壮，历来是中原与北地游牧民族拉锯对峙的喋血疆场，是金戈铁马的兵家必争之地。其于军事之意义远大于景色观赏之价值。

## 民族文化与旅游的深度融合

旅游资源是大自然对人类的恩赐，辉腾锡勒旅游资源得天独厚，包括自然资源、蒙古族风土人情及名胜古迹，为旅游业发展奠定了坚实的基础。旅游文化是以一般文化的内在价值因素为依据，以旅游诸多要素为依托而作用于旅游活动过程中的一种特殊的文化形态，是物质文明和精神文明的总和，它是旅游业发展的最高层次，而辉腾锡勒草原上浓郁的蒙古族风情及众多的名胜古迹又为辉腾锡勒注入了厚重的文化之魂。

辉腾锡勒草原春天新绿碧翠，初夏黄花遍野，盛夏各色鲜花竞相绽放，秋至草茂林密，树叶黄红交映，美不胜收，被中外游客赞誉为"空中花篮""天然氧吧"和"天堂草原"等

美称。奇特的沟谷风貌、辽阔的草原风光、斑驳的历史古迹、雄伟的风电景观、浓郁的蒙古风情构成了这里独具特色的旅游资源。这里可以让你远离城市的繁杂与喧嚣，尽情领略草原的博大胸怀，感受金戈铁马、战火纷飞的古战场，享受气候宜人、鸟语花香的自然风光，观看建设中的世界级大型风电场，倾听松涛阵阵、溪流潺潺和百鸟争鸣的森林大合唱，品尝蒙古民族特色大餐，感受浓郁的蒙古文化，寻觅回归自然的无穷乐趣。一位美国学者曾对此发出由衷迷恋地赞叹："啊！上帝赐予的绿宝石耳环！"

在辉腾锡勒草原上，首先留下游踪旅迹的是北方游牧民族，是他们在七八千年前，发展了原始的草原细石器文化。赵武灵王十九年（前

野罂粟

民族歌舞

307年），赵武灵王在实行胡服骑射后的第二年，打败了林胡、楼烦等北方游牧民族，将美丽的辉腾锡勒草原纳入了赵国的版图，而其西北部则是匈奴汗庭的单于台所在地。关于单于台的具体位置，以前历史资料都记述在今呼和浩特市西，近年来，经内蒙古的一些历史学者考证它应在辉腾锡勒地区。第一个来辉腾锡勒观光的皇帝是北魏的开国皇帝道武帝拓跋珪，当时辉腾锡勒草原被称作九十九泉。拓跋珪是拓跋力微的后裔，是鲜卑族的一位年轻的民族英雄。他胸怀大志，干出了一番惊天动地的事业，统一了北方广大地区，于皇始元年（396年）在定襄盛乐（今呼和浩特市和林格尔县土城子古城）建天字号，天兴元年（398年）迁都平城（今山西省大同市），称皇帝，史称北魏。天赐三年（公元406年），他由平城出发北巡，来到今察哈尔四旗境内。一路旌旗林立，伞盖蔽天，车水马龙，浩浩荡荡。他行至豺山宫，又至青牛山，然后西登武要北原（今辉腾锡勒），饱览九十九泉秀美壮阔风光。拓跋珪相貌威严，双目炯炯，气度豪爽，在文臣武将的簇拥下，谈笑风生，赞美这草原上的奇迹，赞美这神奇的九十九泉。临别，他颁旨命部下于此地建造石亭一座，并立碑名，正式命名九十九泉。这是修造九十九泉皇家御苑最早的正史记录。之后，他又大规模地修造了瞭望台和围墙等，将辉腾锡勒草原上的小湖泊围入皇家御园。这证明早

35

风筝音乐节

在1600年前，辉腾锡勒草原就已经以北魏皇帝巡幸的御苑而闻名于世。泰常元年（416年），拓跋珪的儿子明元皇帝拓跋嗣也来九十九泉观光。二十七岁的拓跋嗣，年富力强，风华正茂。他率领着大队人马，先在牛川（今呼和浩特市东南与凉城县交界处）进行秋猎，然后登釜山，临殷繁水南下，经今察右中旗而直奔九十九泉观光。北魏后期，中国著名的地理学家、游记作家、旅行家郦道元曾多次考察游览辉腾锡勒地区，他在《水经注》中对发源于辉腾锡勒地区的大黑河上游描述为："又有荒干水（今大黑河）出塞外，南经钟山、山即阴山。故郎中侯应言于汉帝：阴山千余里，单于之苑围也。"

隋朝大业三年（607年）八月，隋炀帝杨广率领甲士五十余万，马十万匹，旌旗辎重，数百里不绝，沿着从榆林（今鄂尔多斯市准格尔旗东北十二连城古城）至突厥启民可汗牙帐的御道，来辉腾锡勒草原巡游，隋炀帝受到了突厥启民可汗及大小贵族的献礼和参拜。在宴会上隋炀帝还即席赋诗，盛赞了这次草原之旅。隋炀帝杨广虽然是一个荒淫无道的皇帝，但这次巡游启民可汗牙帐（设在辉腾锡勒地区）客观上密切了与这一地区民族的关系，推动了隋朝与突厥的经济、文化的交流。唐朝时期的辉腾锡勒草原，更是回纥养马繁殖重地，有阴山道连接着草原与中原地区，商贸之旅不绝于道，唐朝大诗人白居易盛赞这里是"纥逻敦肥水泉好"的地方。

辽朝大同五年（951年）正月，契丹第四代皇帝辽穆宗耶律阮来到九十九泉避暑观光。九月，他召集各部首领，聚集九十九泉一带，商讨决策军机大事。辽兴宗耶律宗真在重熙十三年（1044年）九月十二日，率各路大军集结于九十九泉一带，讨论部署讨伐西夏的军事行动方案，前后达20天之久。十月初，契丹大

中国草原避暑之都纪念碑

亭亭白桦

军由九十九泉出发，向西夏进兵。这次对西夏的战争失败后，辽朝为了进一步控制西夏，将大同升为西京。辽朝末年，在辉腾锡勒一带设置山金司，管理整个阴山地区的金银开采事宜。这里不仅是辽朝财政来源的基地，而且也是当时的战略要地和游猎避暑胜地，辽朝的末代皇帝天祚帝曾两次从今黄旗海和岱海逃往山金司。金朝时期，金太祖完颜阿骨打亲率大军征讨辽朝，曾两次来到九十九泉一带，后来金朝将辽朝的残余势力逐出了辉腾锡勒草原和土默特平原。鉴于辉腾锡勒草原是战略交通要地和避暑胜地，金将其置于国家直管区，称为官山，成为以后"官山九十九泉"名称的直接来源。

元朝时期，元太祖成吉思汗三儿子窝阔台（元太宗）是一位勇猛的战将，他跟随父汗伐金朝、攻西夏、定西域，战功赫赫。蒙古汗国太祖二十二年（1227年）七月，成吉思汗在西征西夏途中于甘肃六盘山驾崩，传汗位于窝阔台。窝阔台继位之时，正是元庭向金王朝大举用兵之际。战火在关中地区燃烧，烽烟在伊洛之间翻滚。在这戎马倥偬的日子里，他于1230年七月，亲自率领其弟拖雷、侄儿蒙哥等，为发动攻金战争作准备。他第一次来到九十九泉时，兴建了官山窝阔台营，在辉腾锡勒草原修整练兵达一个月之久。1231年五月，窝阔台率部第二次来到九十九泉，并驻扎屯兵指挥作战，一道道征伐的号令从九十九泉飞出，引出一场场惊心动魄的攻城血战，随着战争的不断推进，一份份告捷的战报又向九十九泉飞来，同时卷来了一阵阵弥漫天际的烟尘。那无数传递号令传递捷报的战马，那飞奔的铁蹄，扣击着通向九十九泉的条条道路，

森林资源

风电晨曲

扣击着神州大地！1232年窝阔台在北还途中，将军事指挥权交给其弟拖雷后，第三次来到九十九泉避暑养病、处理政务、督战攻金军务，从这年的四月至九月，长达五个月的时间里，他一直住在九十九泉，而拖雷也在同年四月来到九十九泉，在这里消夏。据《史集》记载，这年窝阔台过夏的地方叫"阿勒坛"，阿勒坛系蒙古语，即"金"的意思，可能与辉腾锡勒草原产金有关，或者与今天辉腾锡勒的黄花沟有关。

明朝时期，在明正统十四年（1449年）七月，蒙古瓦部首领也先率军于土木堡打败明军，俘获明王朝皇帝英宗，史称"土木堡之变"。

随后也先带着明英宗在九十九泉一带游牧，明英宗以俘虏的身份"北狩地理"。翌年（1450年）明王朝与蒙古达成和议，也先送英宗回朝。其时，九十九泉是瓦剌也先避暑、游猎、放鹰的地方，是他的大本营。

清朝时期的辉腾锡勒地区为察哈尔镶蓝、镶红旗的牧地，向世人昭示着环境优美的高原草甸草原风光。清朝的大臣钱良择和张鹏翮在

风车花海

康熙二十七年(1688年)五月十五(公历6月12日)，受清廷的诏遣，跟随内阁大臣索额图等奉使俄罗斯时对辉腾锡勒地区赞誉有加，钱良择在他的《出塞纪略》中记述这里是"道旁红花满地，黄花间之，灿若披锦，红者，五出双瓣，有花无叶，黄者，其形类金钱菊，薄荷蒿艾尤多，马蹄践之，香闻数步"。而境内的黄花沟是"上下皆有树、为桦木、为山杨，有大盈抱者，山苍树翠，十余里掩映相属，塞外佳胜，来有过此者"。"山巅有九十九泉，伏流而下．汇为长河，直达归化城(今呼和浩特市)"。张鹏翮在他的《漠北日记》中记述辉腾锡勒为："过三小溪入山沟，石峰耸峻，涧水绕流。桦木敷荣于山阿，喜鹊翔集于条枝。俄而双雁嘹，若告我以塞外奇观也。红花盈畴，远望如锦茵。近视之一茎四朵，形如萝卜花而十二瓣。其山出雅乌雏乌。又二十里，次叶不孙郭儿。地稍平衍，清水北流，土人云：心肺二山相通，有九十九泉也。"由上述记述可见，二人均认为辉腾锡勒草原是塞外佳胜、塞外奇观。这次出行人数多达万余，因适逢喀尔喀为厄鲁特蒙古打败，道路梗塞，未能通使俄罗斯而返回京城。这次旅行的行程达两万里，往返耗时近百日，这次出行虽未达到其预期的目的，但为今天人们了解

辉腾锡勒之冬

辉腾锡勒之秋

今乌兰察布市、呼和浩特市、蒙古国等地区情况，留下了不可多得的宝贵资料。

辉腾锡勒也以其深厚的历史文化、独特的地理位置和优美的自然风光吸引了国内外大型文化体育赛事在此举办。

辉腾锡勒机车大赛

山地马拉松

亚太地区商学院草原挑战赛

民俗风情

# 民 俗 风 情

## MINSUFENGQING

> 察哈尔右翼中旗位于察哈尔地区西部，是一个以蒙古族为主体，汉族占多数的半农半牧区，当地蒙古族的生活习俗、岁时习俗带有鲜明的察哈尔蒙古族传统特色。

### 生活习俗

察右中旗属察哈尔西部地区，当地蒙古族的生活习俗、岁时习俗带有鲜明的察哈尔蒙古族传统特色。

### 一、服饰

察哈尔蒙古族服饰主要以长袍、坎肩、腰带、头饰和靴子组成。

**头饰**　察哈尔蒙古族妇女参加各种喜庆宴会和庆典仪式都要佩戴的彩饰头戴，分为头饰、胸饰、背饰三大部分。头饰以大耳环为主角，小耳环为常戴之物。匹配大耳环的头饰有大发针1对，小发针1对，插花双龙、双蟋蟀、鸳鸯、珍珠垂帘、边花、头花，还有特制的小帽、假发、绸巾。胸饰的主角是佩带，佩带有两条，各为3寸宽、3尺5寸长，用黑缎子制成，上面用小粒珊瑚珠子点缀，此外还有金锁如意儿、佩链等。背饰有垂裢、吉祥结（盘钏儿）、垂铃等。新娘要头戴镶嵌红珊瑚宝

察哈尔镶蓝旗服饰

察哈尔正镶红旗服饰

头饰

民族服饰

察哈尔男子佩饰火镰、蒙古刀、烟袋、荷包

褡裢、鼻烟壶、哈达

察哈尔配饰

察哈尔妇女头饰

石的簪钗、蝴蝶绿松石额箍、金银翡翠手镯等，打扮装饰得光彩夺目，华丽端庄。

**长袍**　长袍是察哈尔的传统服饰，不肥大不开岔，领袖适中，便于劳作乘马。衣领、衣襟、袖口皆用艳色的绸缎镶边，衣扣多用黑绦子绣制，也有缀特制的银质或黄铜扣子的。民间多用土布手工缝制，也用绸、缎、绢等制作。颜色多见蓝色、棕色、红色、绿色和紫色。冬季多着羔皮、七月皮调里蒙古袍，骑马穿长袍护膝、防风；夏季骑马穿长袍防蚊虫、遮日晒。早年蒙古袍多缝制马蹄形护手（俗称马蹄袖），其作用在于护手、御寒。长袍外罩是坎肩，坎肩分长短两种。长坎肩

腰带

靴子

翘尖形，靴身宽大，内衬薄底或毡袜，蒙古马靴防寒、防水，骑马便于勾踏马蹬、护踝，也可以防止坠马套蹬，夏季还能防蚊叮、防蛇咬，冬季可御寒。过去行军、倒场、放牧在外住宿时，也可以充当舒适的枕头。也有冬季穿的毡乌拉，又叫毡疙瘩，用羊毛擀制，分高筒和低筒两种，是察哈尔蒙古族冬季普遍穿用的一种毡靴。民国初年，察哈尔蒙古族开始穿没帘子鞋，没帘子鞋轻巧、实用、缝制简单，鞋上还绣有花草、蝴蝶、鸳鸯等图案。

中华人民共和国成立后，随着生产的发展和人民生活水平的提高，牧民结束了游牧生活，实现了定居放牧，蒙古族人民穿戴也趋向流行款式，只有在参加各种喜庆宴会和庆典仪式上，才穿戴自己民族的服饰，以营造现场的气氛。

一般过膝（女性穿用），短坎肩不能遮臂（男性穿用），坎肩用金丝镶边并绣制具有民族特色的图案。冬季，也有穿白茬羊皮坎肩的，白茬羊皮一般制作遮臂坎肩。

**腰带**　腰带是穿长袍的必备品，腰带一般长度为 4 米，用料多见绸缎，颜色和长袍相协调。男子腰带显得剽悍潇洒，胸部袍襟又是生活小物品放置的地方。穿长袍束腰带，冬季保暖，夏季防蚊，而且还利于骑乘。

**靴子**　靴子多用香牛皮制作，皮面小方格形成花纹，镶以云形图案。宽衣长筒，靴头呈上

## 二、饮食

旗境蒙古族的饮食以奶食、肉

奶食

食为主、炒米、白面、小米等是主要食品。砖茶是牧民日常生活的必备品，季节性蔬菜是主要副食品。

## （一）奶食

蒙古语称"查干伊德"，是白色纯洁食品的意思。奶食分奶食品和奶饮品两大类。奶食品有奶豆腐（胡乳达）、奶渣、奶酪、奶皮（乌如木）、黄油（协日陶思）、白油（涓肯）；奶饮品有奶茶（苏台切）、酸奶（额沁苏）、其格（酸马奶）。奶茶、奶渣、白油是蒙古族最普通的奶制品。

蒙古奶食

在清王朝时期，察哈尔旗群是为皇室加工奶食品的基地。当时的"查干胡乳达"（白奶豆腐）就是专为宫廷进贡的奶食品。数百年的奶食加工实践，造就了察哈尔地区风格独特的奶食文化，同时也丰富了奶食的加工技艺。

### 1、奶食品

**奶豆腐**　制作凝乳奶豆腐时，将鲜奶用净纱布过滤后，盛进器皿中，热天放1—2天，凉天放3—7天，鲜奶便自然凝结。之后将凝乳倒进锅里，用温火煮熬，同时慢慢撇取乳清，留下凝乳稠，然后用小勺或专用木具将凝乳稠反复搓揉后放进模中轧实，取出晒干即可。若要做成甜的，就要在揉搓时加入糖料。切成细条的叫奶豆腐条或筷状豆腐条。

**奶渣**　将凝乳用温火充分煮熬、撇去乳清，使其形成凝乳稠，不经过揉搓捞出晒干的叫奶渣。奶渣干结快，保存起来不易发霉。绵羊奶最合适做奶渣。

**酸酪**　回锅的酸奶叫熟酸奶，

奶酪

奶皮

将熟酸奶包进布里，用石头轧压或埋进沙子里轧干乳清便成了酸奶酪，又将酸奶酪捏压成奶酪形状就是酸酪。它的口味极酸，具有解毒、助消化之作用。

**奶酪** 奶酪分干、生、熟三种。捞出凝乳的乳稠，用白纱布裹成方块，榨取乳清，用石头压成的叫干酪；用温火煮奶，打捞出凝乳稠轧成的叫生奶酪；用煮沸取奶皮的凝乳做成的叫熟奶酪。奶酪要在未干结之前切薄片晒干。奶酪保存时间长，不易发霉，特别是生奶酪，越干结越硬。

**奶油** 将挤出的生奶盛入器皿中，随着奶子的凝结，奶里的油脂浮到上面，在奶子的表面形成的一层油脂体就称奶油。奶油可兑奶茶、拌炒米或熬汤喝。

**黄油** 提炼奶油和奶皮时分离出来的清亮液体叫黄油。黄油是奶食中营养丰富的精华食品。它具有增添热力、延年益寿之功效。

**奶皮** 将鲜奶煮沸，多次沸扬冒起泡沫后，形成的粗粒麻状层，取出凝结后就是奶皮。

炖制奶皮要掌握好火候，为使油层加厚，及时铲下锅沿上的粘贴部分并多次添加生奶。加奶和火候适当就能取出厚奶皮。火小奶皮薄，火大了则味焦。

煮沸的奶子要放在阴凉处，次日凝结好之后再取奶皮，还可以加进糖料做成甜奶皮。

绵、山羊奶主要在春季做奶皮，因其夏季不易凝结，所以一般只用来取奶油。

**2、奶饮品**

**酿奶酒** 先将酿酒大锅支于火炉上，把发酵好的酸奶倒入甑桶底部，在甑桶内提溜一口接酒罐子，顶端盖上冷却锅加上冷水，甑桶与

酸奶

冷却锅结合处要用裹带封闭好，将大锅与甑桶结合处也尽量塞住，以免跑气。发酵酸奶的蒸气到了冷却锅后变成水珠顺凸型锅底流入接酒罐里，就成了奶酒。冷却锅的水热到30—40度就需要换水。如此数次换水后，揭开冷却锅，将接酒罐封好口取出来。划火柴时发出"噗"的一声酒火，便是好酒。少换冷却锅水，出酒虽少但质量好；多换水出酒多却度数低。按换水次数称几锅酿。

将酿好的奶酒倒回锅里再次酿制出来的叫胡日扎，二次回锅的叫希日扎，三次回锅的叫宝日扎。这样反复酿制叫做回锅。回锅次数越多酒就越烈，越醉人。俗语说"希日扎只能喝一口，宝日扎只能抿一抿"就是形容回锅奶酒的劲度。

**酸奶**　酸奶是奶酒的酵母。酿酸奶时，或者在原酸奶上加奶子，或者洗净艾草根放进奶子促使发酵，

同时将配制的酸奶搅拌好，使其起沫冒泡增进发酵。酸奶缸上套上毡套，调节温度，保持清洁。根据气候变化，调节室内温度，这些步骤都直接关系到酸奶的发酵和入味。

酸奶具有较好的解毒功能，给中毒的牲畜灌酸奶或用酸奶清洗蛇咬的伤口，都能起到很好的缓解作用。

**酸乳**　酸乳是用酸奶做酵母的生奶所发酵酿制的，酵母少了不发酵，多了则过酸，因此比例要得当。酸乳具有健脾胃、保肝胆、护皮肤的作用。它也有提神功能，故人们常于冬春季节饮用。

**熟酸奶**　煮沸的酸奶便是熟酸奶。由于口味较酸，因此适当兑入煮肉汤里，能使肉汤除腻可口。解毒功能相当于酸奶。另外人们还用它熟皮制革。

**马奶酒**　蒙古人传统的酿酒原料是马奶，故称马奶酒。日出之前拴马挤奶酿造的马奶酒为最佳，马奶色泽淡白清澈，对人体的好处赛过其他任何牲畜的乳汁。

马奶酒的酿制方法是：将新鲜生奶倒在木桶或瓮里，置于向阳处，用木杆来回搅动，待马奶发酵脱脂后，把剩余的奶浆倒入铁锅内蒸煮。蒸锅上罩一个80厘米高的形如蒸笼的木桶，桶的上端放一个双耳瓦罐，

瓦罐上方放一个装有冷水的铁锅，桶的周围和上下用布或毛毡、麻袋等物紧紧围住。蒸锅下用猛火烧，水蒸气随桶散出，酒精凝在冷水锅里，滴在瓦罐里，即成奶酒。做工精细的酒是透明的。其工艺流程为六蒸六酿，头次酿的奶酒称"阿尔乞如"，酒劲不大，度数不高；将"阿尔乞如"倒入锅内，加上一定数量的酸奶子酿出来的酒，称为"阿尔占"（回锅酒）；三酿的称"和尔吉"（二次回锅酒）；四酿的称"德善舒尔"，其酒精含量一般不超过30度。在高温天气发酵时，将马奶桶适时放在阴凉或潮湿的地方，室温可凉不可热。原酵母和加注马奶通过搅拌，能充分融合，吸收氧气，降低温度，从而促进马奶发酵发酸。搅拌充足，供氧充分，温度适当，这是酿制马奶酒的必要条件。

由于马奶含有丰富的乳、油、糖、矿物以及多种维生素等营养成份，所以饮马奶酒能促进人体新陈代谢、补血助消化、防治消瘦等，对胃病、气管炎、坏血病、神经衰弱、高血压，特别对肺结核等有显著疗效。

**奶茶** 亦称蒙古茶。蒙古人最喜好的、不可缺少的饮料。其制作方法比较简单，通常是将青砖茶或黑砖茶捣碎，抓一把装在小布袋里（也可散放），放入开水锅里煮，

金锅奶茶

茶在锅里翻滚时，要不断用勺子搅拌，三四分钟后，徐徐加入鲜牛奶。鲜奶与水的比例，可根据自己的条件和习惯来调节。奶茶开锅后，再用勺频频翻搅，待茶乳交融、香气扑鼻时，即成。奶茶一般为浅咖啡色。有的地方在奶茶中加点盐，有的在喝茶时随用随加。此外，有的地方把炒米或小米先用牛油或黄油炒一下，再放进茶里煮，这样做出来的奶茶既有茶香味，又有米香味。牧民家庭每年用茶量在10—18块。20世纪70年代以前，市场砖茶供应紧张，牧民熬奶茶捞出的茶渣，都要晒干捣碎，以备缺茶时重复使用。

### （二）肉食

察右中旗蒙古族日常食用肉多为绵羊肉、牛肉，定居放牧以后，

烤羊背

手把羊肉

部分牧户开始饲养猪、鸡等，以补充牛羊肉的不足。羊肉有多种吃法，牧区常见的有"烤羊腿""手把羊肉""羊背子""全羊"等。

手把羊肉俗称"手把肉"，因食用时以手把肉，用刀割食，所以称"手把肉"，肥嫩的羯羊为最佳的手把羊肉食材。手把羊肉本来是游牧民族的家常菜，后来经过多年的改进，最终成为菜馆酒楼中的席上名菜。清代还曾作为贡品献给宫廷，供王室享用。

将羊的胸腔割开一个小口掐断动脉血管，使羊血都聚集在胸腔内。剥皮后去其内脏、头蹄，将胸腔的血制成灌肠，然后根据全羊的骨骼结构，卸成若干块，在冷水中煮40—50分钟，放少许盐，不需再加其他佐料，即可食用。"手把肉"

味鲜肉嫩，富有营养，不但有驱寒补热的功效，而且也是餐桌上的美味佳肴。

手把羊肉汤鲜味美，肥嫩适口，是蒙古族最受珍视的菜肴，有远方客人到来，蒙古族人民必用此菜招待来宾，在热情的牧民看来，不以手把肉招待客人，就不能完全表达自己的殷切心意。而在游人的心目中，到草原观光旅游，好像不品尝手把羊肉就不能领略草原食俗风味。

烤全羊

蒙古族待客十分讲究礼仪和规矩。吃手把羊肉时，主人会将羊的琵琶骨带肉配四条长肋送给客人。主人的满腔热情，常常使客人产生难别之情、眷恋之感。而这一切都会化作美好的记忆，永远留在客人的心里。

**羊背子**　羊背子由整羊背、胸椎、四条助骨、一条后腿的中部组成，整羊背下锅煮熟即可食用。羊背子是仅次于全羊宴的蒙古族传统菜肴。

**全羊宴**　"全羊"必须是绵羊，以二三岁的羯羊为上品。先将整羊按羊背子的做法割成数大件（羊胫骨、羊蹄子不上宴），煮熟后，在大木盘上按羊的原形摆放好。上席时，羊头要面向主客，主客先在羊头上用刀划过，再依次将羊头转向各客人。取下羊头后，再分享全羊。食用全羊宴有一定的传统礼仪，极具民族特色，是蒙古族饮食文化的典型。只有在祭祀、婚嫁喜事、老人寿辰和接待高贵客人时才设全羊宴。

血肠肉肠

**三肠**　三肠即肉肠、血肠、面肠。将洗净的绵羊小肠、肥肠、皱胃中灌入切碎的羊肉、羊油、羊血、面粉、盐、葱、姜、蒜等佐料，扎口煮熟食用，味道别具一格。

### （三）粮食

蒙古族的食品以传统的奶食、炒米、白面和牛羊肉为主。白面主

炒米

要用来蒸馒头、蒸蒙古饺子、擀面条，也有用酸奶和白面和起来，烙饼或炸奶油果子、油炸麻叶、油炸馓子、炸油饼。炒米则是日常的方便食品，与奶食一起当作茶点食用。炒米是筛选上等糜子，经过淘、焖、炒等工序制作而成，形似黄米，色黄而不焦，米粒质坚酥脆。泡在奶茶中不易发黏，吃起来清爽可口。牧区讲究的吃法是用黄油、白油、白糖拌炒米，美味可口。炒米含水量低，耐贮存，不易霉坏变质，便于携带，食之耐饿。蒙古族俗语"暖穿皮子、饱吃糜子"，就是这个道理。

战车蒙古包

### 三、居住

察哈尔蒙旗土地放垦以前，蒙古族大多居住蒙古包。蒙古包呈圆形顶，整个包的框架结构由木制陶脑顶、乌尼杆、哈那组成。包顶、包壁用羊毛毡围裹，包内地下铺生

察哈尔生活器具

生活用具

牛皮或铺留有间隙的木板，包壁留小木格窗户，包门较低，出入弯腰，包顶留有天窗口用于采光和向外通烟囱。蒙古包取暖、烧茶所用的牛羊粪，是蒙古族的传统燃料。蒙古包在大风中阻力小，不积雪，下雨时包顶不积水。蒙古族由于常年移牧倒场，居无定所，而蒙古包拆装便捷，所以它是蒙古游牧民族理想的居所。清末民初，蒙旗土地开始放垦，汉民逐年增多，草场面积逐年缩小，游牧逐渐转向定居，有固定草场的蒙古族不再使用蒙古包，而是择地筑屋，实行定居。中华人民共和国成立后，旗境牧民基本都定居放牧。

### 四、出行

蒙古族素有"马背民族"之称，爱马和善骑是蒙古族的传统。马是牧民的"翅膀"，是畜牧业生产和

游牧生活的重要工具。蒙古族放牧、出行、移营主要依靠马车和牛拉勒勒车。中华人民共和国成立后，旗境交通运输业虽得到了较大的改善，但是，牧民依然摆脱不了出行靠骑马、搬迁靠畜力车的局面。进入20世纪90年代后，交通客货运输业发展迅速，牧区都通了公共汽车，牧民家庭购置了小四轮拖拉机、摩托车，有的家庭还买了轿车和客货两用车，出行、搬运、放牧、倒场实现了机械化。

### 五、娱乐

蒙古族家庭娱乐活动有斗纸牌和骨牌、说唱好来宝及蒙古小曲等。公众娱乐活动有那达慕、射箭、赛马、摔跤等。中华人民共和国成立前还有调鹰、架鹞等娱乐方式。儿童娱乐活动过去有打台——以木击木、打缸——以砖击瓦、抓子子——以手攫石子等。中华人民共和国成立后娱乐活动不断丰富，电影、电视的普及，乌兰牧骑和文化站室的建立，那达慕、文化物资交流会及体育赛事的举办，极大地丰富了蒙古族牧民的文化娱乐生活。

### 节日礼仪

#### 一、除夕

除夕日，蒙语叫"毕囤"，是圆满或封住的意思。因为除夕是年终的最后一天，察哈尔蒙古族祈求

果条

麻叶

过去的一年能够圆满地结束。从腊月二十三祭灶后到除夕的这七天被叫做"火与年的间隙"，是准备新年最为繁忙的日子。妇女们缝制新衣，清扫家室，炸麻叶、馓子、果子，包包子和饺子。男人们则打扫整理棚圈、场院，修剪打扮新年出行骑乘马匹的鬃尾，晾晒新年要穿的衣服，除去旧尘，抖毛通风。除夕这天，还要打扫供神位的房间，打开佛龛，擦拭除尘，取出佛灯碗填满米和油拌面摆上供桌，用新炸的油饼拼装供盘，上面用奶皮、奶油、红枣、点心和冰糖加以装饰，把佛龛上的

旧哈达换成新的，旁边设新烛和线香。有经卷的书香人家，搬出经卷，掸去灰尘，点香火，用食盘糖果祭祀。医生的药兜，妇女们的针线包，都要在这一天封存起来，寓意把一年来所有的辛苦、灾难和疾病的"口"全封住，来年好运昌盛。等过年的一切安顿齐备后，要从食物的最顶端取部分，蒙语叫"德吉"，带上祭品、香火，由大人领孩子们去上坟祭祖。这天还要带上食物和酒，去探望浩特邻里中的长者，做辞旧的请安问候。

## 二、过年礼仪

阴历正月，蒙古族称为"查干萨日"。正月是一年的首月，初一是新的一年的首日，蒙古族把新年伊始看做祈求并祝愿一年兴旺、平安、吉祥的一天。

当初一的五更天，启明星升起的时候，人们就开始在自家院内祭天拜神。首先在院内摆好供桌和各种供品，然后由家庭主人点燃旺火，按传统习俗进行拜天仪式。祭天拜神结束后，各家开始进行庆贺新春仪式。如果属一个家族的，便集中到辈分最长的那家，先给这家供神上香叩头，互相请安，给长辈敬献哈达，对交鼻烟壶，行拜年礼。孩子们对其父母、长辈行拜年礼时，要铺衣襟跪拜。而后，按辈分、年

龄分别入坐。女主人先给客人敬茶，端上各种精美食物供大家品尝。蒙古族每家都备有一个用最精美奶食垒砌的食物盘，蒙语叫"新尼塔布嘎"或"德吉塔布嘎"，是供客人品尝、欣赏的礼仪盘。按礼节主人不拿出"礼仪盘"，客人是不能离开的。敬茶完毕，就开始敬新年酒。敬酒时，蒙古族不论男女要穿戴整齐，戴帽、放袖、躬身、叩首，表示对长者的尊敬。

在正月的日子里，除了拜望本家的亲戚长辈们外还要到本旗内的其他亲戚家拜年祝福。拜年仪式一直持续到农历正月十五日，新年的气氛才逐渐淡去。

## 三、牲畜过年礼

蒙古民族自古以来从事畜牧业，因此特别重视牲畜疾病的防治，有祈求牲畜兴旺的传统习惯。每年农历正月十六日，是牧民为牲畜举行过年礼的日子。

举行礼仪的前几天，根据畜群多少和参加人数，一个浩特或邻近的几个浩特之间经过协商，向各户征收用于牲畜过年的米、面、肉、油等，备好菜肴，在过节的时候，各家的男女老少都汇集到一个水草丰美的地方，支起锅灶、火撑，把所有牲畜都赶到这里，请来喇嘛念经，焚香醮酒，向天撒献食物，还

把炸熟的圆形油饼套在牛羊的角和脖子上,人们竞相争夺。还要选择膘肥体壮的种公畜,将五色绸带系在它们的脖上。经过这种洗礼后的牲畜不能宰杀和出售,要一直饲养到老死。牲畜节的当日,放牧牛羊的人们被尊为上宾,要接受所有牧户的敬酒和赏赐,并放假一日,以感谢他们对畜群的放养和关照。

祭敖包诵经

## 四、祭敖包

"敖包"在蒙古语中意为"凸起的堆子"。在草原文化中,"敖包"有其独特的文化内涵,敖包文化形成于远古游牧时期,可以上溯到人类文明的起源之时。以游牧和狩猎为基本生存条件的民族,他们崇日、月、星辰为父,拜山、水、火、木为母,于是形成了祭拜长生天和大自然为主的敖包祭祀礼仪文化,蒙古博教认为:世上的万物都以生命的形式存在,人类世界是蒙和腾格里支配万物神灵相互依赖的结果,作为人类只能顺应自然规律,不得有任何违背自然法则的行为,蒙古部族对赖以生存的大自然充满敬仰之情。为了感谢腾格里和大自然恩赐人间的福禄美好,祛除病邪,祈求人间福泰平安,敖包便成为人与苍天对话的载体,祭祀的寄托。

祭敖包

敖包的祭祀日大都选择在阴历五月十三日。因为这一时间正值春末夏初，恰逢草原芳草吐青、万物生灵繁衍成长的季节。选定祭日为"十三"日这一天还有几种诠释：其一，蒙古人的祖先成吉思汗在年满13岁时就大显英雄本色，战胜了种种艰难困苦，为创立蒙古汗国奠定了基础，因此，蒙古族把数字"13"看成是逢凶化吉、兴旺发达的吉利数字。蒙古族在男儿13岁生日那天，要给孩子举办郑重的"成人礼"仪式，意味着孩子与其祖先一样，已经步入成熟时期，从今往后就有当家做主、闯荡世界的资格了。其二，包括成吉思汗家族在内的13个部落齐心协力、浴血奋战，终于统一了蒙古各部，缔造了草原帝国。寺庙的敖包祭祀日，由宗教方式根据藏历选定吉日。祭敖包时，大家都穿新衣，从家里带上祭祀品，骑马或乘车向敖包汇集，成年女子一般不上敖包山，孩子们不分男女都要参加祭敖包仪式。参加祭祀的人们首先要给敖包添加石块，继而向敖包献奶食、哈达，由请来的喇嘛念经、焚香、酹酒，参加者不分男女老少都要向敖包跪拜磕头。最后，祭敖包的人们从左向右绕敖包转行三圈，祈福平安、幸福、吉祥。

每年的敖包祭祀日，敖包顶端都挂彩旗、哈达及各色彩绸，场面壮观，气氛隆重热烈。祭敖包盛会上还要举行蒙古男子三项（骑马、摔跤、射箭）技能比赛，对优胜者给予一定的奖励，这也是牧区较大型的娱乐和体育联欢盛会。旗和苏木祭敖包仪式结束后，由祭祀主办单位举行盛大宴会，参加祭祀活动的人们开怀畅饮，互祝人丁兴旺、无病息灾。

## 五、祭火

蒙古族自古以来就像崇拜苍天一样崇拜火。他们至今保留着每年农历十二月（腊月）二十三日举行祭火仪式的古老风俗。祭火主要用绵羊或山羊胸叉祭祀。

每年冬季小雪与大雪之间，人们从宰杀的冬储羊中挑选一个最肥

祭火节

祭火节

针绕9圈，再用包肚油罩好，并用银箔做的元宝、蓝、红、黄、白、绿五色丝线，奶油装饰好盛在盘内，放置在火煡前的桌子上。同时，把装有直肠、胫骨、胸叉肥膘、皱胃的"招福桶"放到佛龛左侧的桌子上。蒙古族祭火时都用火煡。祭火开始前，在火煡中垒好干牛粪，中间放置柴火，把沾黄油的棉球放进柴火中，用棱形五彩绸子和包肚油一起系在火煡的4根柱腿上。

祭火仪式开始时，孩子们在毡包外燃放鞭炮，主人穿上节日盛装，戴上帽子，佩挂蒙古刀，点燃封好的火，用其火点燃火煡中央放好的黄油棉球和系在火煡4根柱腿上的火炬宝灯、碗中佛灯。主妇在瓢中盛好黄油、酒，站在火煡东南柱腿旁。之后，主人带领全家人跪在火煡前铺好的毡垫上向火煡敬酒、黄油，把胸叉骨敬献给火。站在火煡柱腰腿旁的主妇也开始把瓢中盛好的黄油、酒敬献火中。这时，所有参加祭火仪式的人们手持祭品，同声诵颂"招福"经。祷告诵颂后，挥转"招福桶"三三九次，以示招福纳财，平安顺意，五畜兴旺。

## 六、那达慕

那达慕，亦称"乃日"，蒙古语为游艺、娱乐之意。是蒙古族喜庆丰收最隆重的节日，除传统的摔

的、完好无损的胸叉，把羊直肠盘好放在胸叉膜内，加上连胸脯的整片肚皮肉，折叠好冻起来，以备祭火时用。

祭火当天清晨，家家户户清扫毡房内的雪土，打扫院落和棚圈，整理衣物，擦拭柜具。下午煮祭火用的胸叉，并在煮肉汤内加上小米，煮成稠粥，蒙古语称"嘎历阿姆斯"（祭火粥），一切准备就绪，等到畜群入圈后，开始准备祭火食品和器具。祭火供品主要有羊胸叉、胫骨、4根长肋、直肠、皱胃、包肚油等。首先将煮熟的羊胸叉上面的肥膘割下，然后用白羊毛捻成的线顺胸叉的胸柄开始，给两肋弓的尖端顺时

搏克

跤、赛马、射箭等体育比赛和文艺表演外，那达慕大会还开展物资交流、对外贸易、与区内外进行经济技术交流及旅游观光活动。每年夏、秋季节举行，全旗各苏木的农牧民骑着马、赶着车、带着自产的畜产品，成群结队地赶到会场。届时，商业、物资、供销系统把牧民所需生产资料和生活用品运到大会，供农牧民选购，同时还收购牧区牲畜和畜产品。大会期间，从外地赶来的文艺表演团体及乌兰牧骑、电影队，为农牧民搭台演出。

夜晚，临时搭起的小吃店、羊肉馆座无虚席，热闹非凡；老人、

民族歌舞

孩子和妇女们观看文艺表演，尽情娱乐。这一传统盛会在"文化大革命"运动中曾一度停止。1980年以后，随着畜牧业生产责任制的落实，牧民生活水平逐年提高，对文化娱乐的需求不断提升，各苏木结合祭敖包活动不定期举行小型那达慕；旗人民政府每年组织举办物资文化交流大会，满足农牧民的物资文化生活。

## 礼仪习俗
### 一、起名

蒙古族的名字在不同程度上反映蒙古族的历史发展和风俗习惯，极具民族特色，察右中旗蒙古族与汉族生活在同一个区域，由于相互影响，有些汉族起蒙古名，有些蒙古族取了汉族名，一般来说，蒙古族与汉族的姓名称谓不同，大部分蒙古族的名字并不带有姓，如"巴图"，汉译为"坚固"，并非姓"巴"名"图"；"其其格"，汉译为"花朵"，并不是姓"其"名"其格"。

察哈尔蒙古族姓氏有部落姓、地名姓、图腾姓、皇帝赐姓和职业姓。以部落为姓的有"敖日岱""海那赫""布里雅特""乌珠穆沁"等。如"乌珠穆沁"简称姓"武"，蒙名"乌珠穆沁·日格金香牛"，汉名"武

香牛"（察右中旗人，原镶蓝旗十一苏木章盖）。以地名为姓的有"敖格德""伊斯特""扎赉特""武久得"等。如"武久得"，简称姓"武"，蒙名"武久得希日孟"，汉名"武汉臣"（察右中旗人）。皇帝赐姓的有"董格阿""敖陶格图""阿嘎塔""云希乌"等。如"云希乌"，简称姓"云"，蒙名"云希乌·拉恩涛"，汉名"云兰涛"（察右中旗人）。以职业为姓的有"特莫沁"（牧驼人）、"哈达钦"（石匠）、"阿都沁"（牧马人）等。随着各民族的相互交融，许多蒙古族姓名逐渐汉化，如"哈达钦"汉化为"石"姓，"阿都沁"汉化为"马"姓。又如蒙古族古老的部落姓"乌日洋海"，用汉字表示，有的称"乌"，有的称"武"，有的称"吴"姓。

蒙古族为孩子取名，大都是按本民族的风俗和心理习惯起取，往往反映一定时期的民族文化特点。传统的起名方式多以孩子的肤色、体态和特征命名。"查干护很"（白姑娘）、"希日夫"（黄小子）、"满塔嘎"（胖胖）等。蒙古族崇尚白色和蓝色，所以起名叫"查干夫"（白小子）、"查干巴日"（白虎）、"胡和塔娜"（蓝珠）、"胡和朝鲁"（蓝石）的也很常见。红色象征革命，起名叫"乌兰"（红）、"乌兰图雅"（红色光芒）、"乌兰图嘎"（红旗）的也为数不少。然而，蒙古族起名以物为名或表示祝福和希望的名字居多。如以动物为名的有"阿尔斯楞"（狮子）、"脑海"（狗）、"巴日斯"（虎）等，以贵重珍宝、坚硬物体为名的有"哈斯"（玉）、"塔娜"（珍珠）、"阿拉塔"（金子）、"孟格"（银子）、"宝力道"（钢）、"特木尔"（铁）等，

敬献哈达

祝福和希望的名字有"乌力吉"（吉祥）、"巴雅尔"（喜庆）、"巴达日乎"（兴旺）等。以日月星辰、花草树木、山川江河等取名的更为常见。如"娜仁"（太阳）、"萨仁"（月亮）、"奥登其其格"（星辰花）、"牧仁"（江）、"达来"（海洋）等。还有孩子出生后，以其祖父、祖母或外祖父、外祖母的年龄为孩子命名的，如"吉仁太"（六十）、"达林太"（七十）、"那音太"（八十）、"伊仁太"（九十）等。

过去，受宗教影响，还有一部分蒙古族由于请活佛、喇嘛赐名，多以佛名、藏经、法器等为名，如"额日和"（念珠）、"敖其尔"（金刚石）、"阿迪亚"（日曜）、"脑门格日勒"（经光）、"嘎日布"（洁白）、"敖日布"（宝贝）等。随着民族文化的发展和少数民族文化素质的提高，蒙古族的取名中，反映时代进步意义的多了起来，如"苏雅拉图"（有知识者）、"特木其勒图"（奋斗者）、"布特格其"（创业者）等。

## 二、婚嫁

旗境蒙古族男女的婚姻，经过提亲、定亲、订婚和吃"择日酒"后，便进入婚礼前奏。婚礼日期一经确定，男女双方父母便开始准备举办婚礼事宜。待出嫁的姑娘也准备拜天地时所需的拜垫和衣服、鞋袜等。众亲属（主要是妇女）都要赶来帮忙

裁剪、缝制、刺绣新婚衣服。针线活完毕后，则把姑娘接走，每家小住三五日，临走均赠送衣物，直到出嫁的前三天才返回娘家。

在出嫁的前一天，女方家举办"姑娘宴"，邀请邻近的亲属、朋友来和女儿一同坐席。席前，女儿解下新腰带，意为离别父母、情难割舍之意，并失声痛哭。坐席的姑娘们向即将出嫁的姑娘献歌。歌词大意是告诫姑娘在出嫁的路上要小心，到了婆家要谨慎，针线活儿要细心。宴席间，女方父母从请来的客人中聘请酒量大，口齿伶俐的长辈，分别为"胡达"和住宿、住月亲属（住宿和住月亲属一般由女方的姨姨或姑姑充当）。同时，还聘请两位少妇为新娘的送亲嫂子。

婚礼这天清晨，男方家要设酒宴款待陪同新郎娶亲的"胡达"和随行人员。当新郎身穿新装，佩带弓箭就绪时，祝颂人要高声祝福。祝词大意是：愿新郎吉祥、安乐、神勇，一路顺利，马到成功。随即欢送新郎起程。同时，还要牵一匹与姑娘生辰属相无克，鞍辔齐全的骏马，作为新娘的坐骑。

娶亲队伍必须在日出前赶到女方家，路程较远则须在夜间赶程。当娶亲队伍到达女方浩特附近时，即派两名有经验的人向女方家报讯

请安。女方家众嫂子和其他亲属都出来迎接，男女双方都要选派一名善辞令者，双方按礼俗问候对答，然后被请进屋。女方的嫂子上前解下新郎佩带的弓箭，新郎要行见面礼。双方"胡达"互相请安、敬献哈达、交换鼻烟壶，而后由新郎敬女方家灶神，向岳父、岳母及其他亲属敬献哈达和酒。男女双方"胡达"要互相致词。之后，新郎依次给席上的来宾敬酒。敬酒完毕，即可入席。

招待娶亲队伍一般设羊背子宴（有的人家设整羊宴）。司酒者从羊背子两侧各割下一条肉，左右交换放置后请客人食用，以示尊重客人。这时，新郎随从人员眼明手快的，把羊背子下侧放置的羊胫骨抢到手，并迅速取下羊裸骨，包在哈达里塞入自己右靴筒内。接着让新郎掰羊颈骨，掰羊颈骨是考验新郎是否勤快能干和具有勇气力量的一种方式。新郎若有为难的情绪，往往会遭到众姑娘的奚落。娶亲队伍在完成全部礼节后即带新娘上路。

途中，娶亲队伍必须走在送亲队伍的前面，送亲队伍为取笑娶亲队伍，跃马猛追，形成你追我赶的热闹场面。当经过旗界或苏木界时，要进行"接火"仪式。双方把各自带的烟酒拿出来，大家席地而坐，互相点烟敬酒，互相祝福歇息后再赶路程。

送亲队伍到达男方家附近时，男方家派1名骑手携熟羊头1个，点心少许前去迎接。送亲队伍中的"胡达"在马上接过托盘的食奶品尝后，把托盘还给来者。前来迎接的人打马疾驰，送亲的人们则及刻拍马追赶，夺取迎接人的帽子，夺得夺不得，双方众亲皆大欢喜，谓之"抢帽子礼"。

送亲队伍到达目的地，新娘下马时，新郎将新娘连人带鞍一同抱下，新娘被嫂子们簇拥推到新房门前，婆婆给新娘尝鲜奶，既是祝福又表达婆媳相认。

拜天地的时辰一到，院中设供桌，上面摆着香火供品，由新郎、新娘的磕头，母亲或父亲主持，让新郎、新娘在自己的左右两侧面对喜神方向开始拜天地。只有拜过天地才算正式夫妻。然后由磕头母亲或父亲把新娘的头发披在新郎的肩上。为其梳头结发。女方家来的嫂子端着盛有食物的盘子去见新娘的婆婆，示意婆婆去取新娘的头戴放入盘中，让新娘的嫂子送去。之后，新娘被送入洞房。

入洞房时，由磕头母亲或父亲带领迈过门口横放着的拴有哈达的树枝，踏着门槛上铺好的毡子进门。新娘进洞房时，还有男方拦门的习俗。男方亲戚中的一些平辈或小辈堵住门不让女轻易进门。经过双方礼仪争执之后，女方才能进屋。新婚夫妇由磕头母亲和嫂子领进新房，蒙着盖头给灶神叩头，然后，新郎用箭头将新娘的蒙面纱挑开。之后，嫂子给新娘重新梳理头发，戴好头

饰，新人到堂前拜客。由嫂子带领向长辈敬酒，献哈达并施磕头礼。凡接受新媳妇磕头的人，要向新娘道贺并赠礼物。

拜天地仪式结束后，婚礼宴席正式开始。新郎、新娘依次向亲属、来宾敬酒施礼。敬酒间蒙古族歌手高唱喜庆的婚礼歌曲，场面隆重热烈。婚宴结束后，女方"胡达"还要设宴招待磕头父母，并赠送礼品。而送亲的人当日即可返回，路程较远者，可上马绕1圈后，再借宿于左邻右舍。

送亲的人走后，留下来陪伴新娘的人，以娘家人的身份，向女儿、女婿及女儿的公公、婆婆赠送礼物。傍晚，婆家在新房设宴，招待陪伴新娘的客人和新娘、新郎的磕头父母。

蒙古族还有藏女婿的习俗。入洞房当夜，嫂子们为新娘、新郎铺垫被褥。新郎的弟妹、姐夫等拥入洞房、调笑新娘。新娘要为客人敬烟、散糖、戴花，对答客人的逗乐，你逗我笑，气氛热烈。趁人们热闹之际，人们把新郎带走藏起来，让新娘寻找。

第二天清晨，新娘要早早起床，在住宿亲属的带领指拨下生火、喂狗、挤牛奶。早茶时，新娘给婆家的长辈和内亲按辈分敬茶，长辈则

回赠新娘钱物。

婚礼第三天，新娘、新郎在一名"胡达"的陪同下回娘家。女儿、女婿回门，娘家设宴招待新人。入席要让他们坐正面，亲朋好友来陪客。婚后，要安排新人拜望男女双方亲属，此为"认亲"礼。回门过后，女方父亲或长辈还要到婆家探望女儿，婆家设宴招待，谓之"探望姑娘宴"。

### 三、丧葬

蒙古族丧葬一般分为天葬、火葬、土葬3种。

天葬是蒙古族的传统葬仪，又叫野葬或弃葬。天葬多用于贫苦牧民或下级喇嘛阶层。亡者用白布裹身，放在勒勒车上急行，任意颠簸，尸体掉在哪里，那里就是吉祥的葬地，任鸟兽吃食，3日后，若被鸟兽吃掉，则设宴畅欢，为死者升天相庆；若尸体还在，即请喇嘛念经，替死者消灾、忏悔。亡者子孙在守孝期，49天内不剃头、不刮须、不作乐、朋友见面不问好，只问牲畜平安，以示为亡者的哀悼。此种丧葬习俗已渐经绝迹。

火葬，只限于患传染病或妇女病亡故、孕妇难产亡故的。亡者用白布裹身，涂上黄油，并请喇嘛念经超度。然后将尸体移至远离居住放牧的偏远荒野，将尸体投入火堆焚烧。3日后，若骨灰尚存，即请喇嘛念经超度。

土葬，也叫地葬或棺葬。棺材多为坐材，木制立式箱。上扣做工精制的顶盖，形状如同小庙。人亡之后，首先请懂阴阳五行、会择时辰的先生或寺庙喇嘛为死者更衣（蒙古族一般用白布裹身），将尸体放在木板上，用哈达罩其面，等待入殓，确定掩埋的方位和时辰，然后喇嘛念祭奠亡灵的经咒。旗境蒙古族去世后一般不在屋外搭灵棚祭奠。入殓后，仍停放在原住处，用蓝色或白色绸布遮盖遗体，择日举行葬礼。

祭奠方式，白天由喇嘛按照佛教礼仪念经，晚间一般由俗人主持，在家围坐在一起念嘛呢经。黎明时，还要念库仑嘛呢经18遍，死者亲属都要到灵前跪拜哭灵。死者家属要给主持者钱物，意思是给亡灵的，蒙古族把这一礼仪叫"尤若拉阿布其日那"（来喜有缘之意）。出殡前，主人家要给念经和前来吊唁者准备一顿用大米、奶渣、黄油、红糖熬制的粥，藏语叫"独花"。出殡后，主人家还要设宴招待众客。

蒙古族遇丧事给直系亲属报丧，一般亲友不报丧。一般以黑色为孝色，也有穿白孝的。出殡后第三天，由直系亲属到墓地敬香祭奠。21天脱孝服。居丧期间，男子不理发、不刮须，女子不戴头饰，子女们不穿红挂绿，家里不设宴、喝酒、唱歌或举行其他娱乐活动，3年内，不贴红对联，拜年不献哈达，只用鼻烟壶回礼。3年期满，请喇嘛念经，之后取消一切禁忌。

中华人民共和国成立后，蒙古族不断破除丧事中的陈规陋习，丧事简办。土葬之俗仍在延续，也有越来越多人实行火葬，将骨灰埋入祖茔地，或存放于殡仪馆。在丧事中，乡邻亲友有送花圈、挽联的，并举行遗体告别，以寄托哀思，但"五七""百日""周年"之俗仍有存留。届时，儿女子孙亲友至墓前祭祀，表示对逝世者的怀念与留恋。

## 四、礼仪

蒙古族是一个热情好客，讲究礼仪的民族。蒙古族相互见面都要问好，即使遇到陌生人，也要相互问好，随后，主人热情地邀请客人进屋，叙谈中以奶茶、奶食和油炸面食招待。如果是尊贵的客人，则设"手把肉"或"全羊"席款待，然后敬酒。客人离开时，主人送至大路，互相告别。

蒙古族礼仪最讲究的是敬献哈达。凡遇庆典仪式，宾客迎送都要互赠哈达，以示庆贺或敬意。敬献哈达用两手捧着，身体微躬，对方

也是同样姿态。

递鼻烟壶是蒙古族古老的习俗，也是普通的见面礼。鼻烟壶小巧玲珑，造型各异，壶里装有带香料的烟粉，也有装药粉的，嗅一下可以提神。见面时，彼此互递鼻烟壶。如果同辈相见，要用右手递壶，互相交换，或双手略举，鞠躬互换。长辈向晚辈递鼻烟壶，只上身略屈，以右手递过，但晚辈必须一腿弯曲，双手接受，恭敬地嗅一下，鞠躬奉还。晚辈向长辈递鼻烟壶，也必须一腿弯曲，双手奉上，长者接过略表笑意。请安是蒙古族常见礼节，同辈相遇都要问好，否则为失礼。遇长辈首先要请安，如在马上则下马，车上则下车，以示尊重。任何人见到老师来，都要视为贵宾热情款待。

## 五、禁忌

骑马或坐车到牧民家作客，接近蒙古包时，要下马或下车慢行，以免惊动畜群，禁忌打骂狗、闯入蒙古包。

禁忌手提马鞭进蒙古包，要把马鞭立放在蒙古包右侧。到蒙古族家中作客，忌坐在佛龛前。

出入房屋时，不许踩门槛。进门要从左边进，在主人的陪同下坐在右边，除尊贵的客人外，一般人不能双腿盘坐。位在右边的客人蜷左腿，左腿跪坐。一般妇女没有坐

在右面或正面的机会，比较尊贵的女客人可以坐在左面的上首位置。

禁忌农历十二月（腊月）二十三至二十六日往外借东西。

禁忌面朝东北方向小便。

禁忌一出门就上车或上马，要走一段路等主人进屋后，再上车或上马。

禁忌骑马从右侧上。

禁忌蹲在左侧挤牛奶。

禁忌在屋内吹口哨。

禁忌坐或睡觉把脚伸向西北方。

禁忌用烟袋或手指人头。

禁忌脚踩锅灶，不得在炉灶上磕烟灰、摔东西；不能在火堆上烤脚、烤靴子，更不能跨越火堆或在火堆里便溺。

屋里有重病人，一般在包门外左侧拴一条绳子，将绳子一头埋在土里，表示主人不能待客，见此标记，一般情况不要打扰屋主人。

蒙古族家庭的媳妇，不管屋里有无外人，不能随便吃东西，吃东西不能响声太大。家里来了客人，媳妇要首先出门迎接，屈身请安问好。

新媳妇不能直接给公公和大伯子等长者盛饭倒茶，必须让婆婆或别人传递。

长者在屋时，媳妇出门要退着出去。

禁忌在河流中洗手脚或洗澡，更不能洗脏衣服，或者把不干净的东西投入河中。不能直接在河中洗涤，需用水时把水打回家中使用。

禁忌生人用手摸小孩的头部。

蒙古族妇女生孩子不准外人进入产房，并在屋檐下挂一个标记：生男孩挂弓箭，生女孩挂红布。客人见此标记要止步。

## 饮食文化

蒙古族以白色代表乳汁，红色代表生命，黄色代表土地，绿色代表草原，蓝色代表天空。常年的游牧生活，使蒙古人把制作查干伊德（白色的食品）的乳汁作为纯洁、吉祥、崇高的象征；把提供乌兰伊德（红色食品）的牛羊作为生命的延续；把蓝天、草原、黄土地作为家园和理想的寄托。白（奶食）、黄（茶）、红（肉食）三色描绘的生存空间，"先茶后饭，以饮为主""先白后红，以白为尊"的饮食习俗和礼仪，构筑了蒙古人叹为观止的饮食文化。

蒙古族谚语云："学之初者，食之初茶。"茶是蒙古人的面子，又是蒙古人的主食。凡走草地的人，不论蒙汉生熟，主人必先双手给你捧上茶水，这就是给你脸面——"有好茶喝，有好脸看"。从祭奠成吉思汗，到敖包翁衮的祭祀以及供奉苍天，都要把茶作为饮食的头份献祭。亲友们相互拜年的时候，也把整块砖茶作为德额吉（头份礼物）互相赠送。新熬的茶在未喝之前，都要首先向苍天、山水土地、火神等分别作为德额吉泼洒，之后才可以饮用。

蒙古人对茶的这种崇尚，构筑了蒙古族"先茶后饭，以饮为主"的独特习俗。直到今天，牧区的蒙古人还保留着早上、中午喝茶，晚上吃一顿饭，有时忙起来，晚饭也用茶代替的祖习。"宁可一日无饭，不可一日无茶"。正因这种习俗，蒙古人对茶饮特别讲究：炒米、酥油（黄油）、酪蛋（乳酪）、白糖，冬天往往还配有肉食，这样精美的搭配，不仅消渴耐饥，且美味可口。牧区茶饮，还习惯客人喝茶，女主人侍立在侧。饮未及底，复来续满。

或许是以饮为主积久成习，蒙古人把吃肉也说成"喝汤"，把肉羊说成"汤物"或"汤羊"。

"酥油奶茶泡炒米"是游牧民族一大发明。吃上一顿手把羊肉，再美美喝一顿奶茶，不仅荤素搭配，稠稀结合，口中不腻，胃里舒服，而且容易消化。

茶礼节：给客人端茶，这是欢迎客人的一种礼节。客人坐好以后，主人要站起来，用双手捧着茶碗，向客人敬献。客人也要单膝跪地，用右手将茶碗接过去，放在桌上。主人接着端来奶食，客人用右手接住，倒在左手里，用右手的无名指将鲜奶蘸取少许，向天弹洒，并放在嘴里舔一舔，以示崇敬之意。端茶的时候，女人们一定要衣冠整齐，仪态大方。

给老人或贵客添茶的时候，要把茶碗接过来再添茶，不能让客人把碗拿在手里由主人添茶。茶喝到半碗以后，就要给客人添茶。

客人喝完茶以后，最长者要端着茶碗，说唱《茶的祝词》。主人和其他客人要一起接着长者的尾音说道："扎，愿祝福应验。"将碗里的茶喝完，才可以离去。

## 美食文化

**沙葱包子**　在旗内的荒漠草原上，生长着一种名叫沙葱的植物。沙葱其实也就是野葱，它有葱的形状，有葱的辛辣，还有家葱所不具有的独特的芳香。沙葱高不过半尺，葱叶尖而细。折葱身，断口处便会流出鲜汁，折一小段放入口中，似葱、似韭、似香草，同时还夹含有一种油香。沙葱在草原最简单的吃法是将采摘来新鲜的沙葱放入罐头瓶内，撒上一点盐，两日后就成了美味小菜了。新鲜沙葱和羊肉相配做馅儿的沙葱包子美味可口。

沙葱开的花虽然小，但那略呈

沙葱

粉白色的花却是牧民们离不开的上好调料。人们将葱花采摘回来，用盐腌上或晾晒干，做汤煮肉时往锅里放上一把葱花，味道格外鲜美。

**油炸糕**　把黍子碾成黄米面，蒸熟后用胡麻油炸即为油炸糕。过去，无论是逢年过节，还是男婚女嫁，当地百姓都要用这种油炸糕来款待亲友和客人，因此逐渐成了本地最有特色的传统风味食品。

**莜面**　莜面出自莜麦（学名燕麦），其磨成的面粉称莜面。莜麦是一种成熟期短，耐寒，耐盐碱的低产作物。产量虽低，但含有高蛋白，大量铁、钙、磷等多种微量元素。莜面属于低糖食物，具有降脂降压等功效。早在南北朝时期，呼和浩特一带就有农民种植莜麦。到清代初期已大面积耕种，享有"阴山莜麦甲天下"的美誉。察右中旗也在

油炸糕

莜面窝窝

很早的时候开始大面积的种植莜麦，现在仍为当地人民的上等主食。当地老百姓至今还流传着这样的顺口溜——"后大滩三件宝，莜面山药大皮袄"。

莜面加工方法特殊。加工时先要将莜麦淘净，晾干后上锅煸炒。炒熟后再上磨加工成面。面可制做成20多种花样儿，民间的吃法颇多，按花样儿分有三种类型，第一种是纯莜面做成的，有窝窝、饸饹、鱼鱼、剥面、囤囤、刨褶、拿糕、炒面、傀儡、糊糊等；第二种是和山药合制做成的，有席囤囤、黑老鸹含柴、火烧烧、莜面饺饺、山药丸丸、山药鱼鱼、库垒等。

莜面饨饨：和好莜面，擀成面饼式，然后将拌好的菜馅撒于面饼上，卷起面饼用菜刀切成长约3至4寸的小截。吃时配以凉菜汤即可（如拌凉皮的佐料）。

山药鱼鱼：把土豆焖熟后，拨皮捣烂与莜面混合，经加工即得，蒸熟后沾羊肉汤或蘑菇汤食用最佳。

莜面鱼鱼：和好莜面后搓成长条状蒸食。

莜面窝窝：将莜面加开水烫熟并和制成面，用右手揪一块10克左

莜面饨饨

右的小剂子（随做随揪），放在光滑的板面上用手掌推一下，再用食指将其卷成如"猫耳朵"似的筒状，长寸许、薄如叶，做好后，挨个站立并排在蒸笼内，酷似蜂窝，所以叫莜面窝窝。

莜面按制做方法可分为：蒸、炒、煮、焖、搅、熬、烙等；按吃法分有：调着吃（分冷调、热调）、拌着吃和甜吃等。

冷调是用配好的冷盐汤（包括醋、酱油、盐水或腌菜的盐汤与花椒、辣椒共炝），拌上黄瓜、水萝卜、辣椒等，再加上山药、茄子和豆角，一并拌搅在一块，随之把蒸好的莜面放入碗内，用筷子调上吃；热调为用羊肉或猪肉熬制成的肉汤调食，亦可用鸡蛋或其他蔬菜制成鸡蛋汤或素热汤调拌食用。还有一种野味汤：冷汤是炝扎蒙花，再用野韭菜、山葱、石蒜调制成盐汤，热汤是蘑菇羊肉汤，吃来别有风味。拌着吃是用筷子将干面（如炒面等）与水或粥拌搅成团粒状，可直接食用，不用任何加工调和。

**山药**　学名马铃薯，原产于南美洲安第斯山区域，至今在那里还有许多野生种。现在世界各地栽培的山药，一般均属于野生种不同的栽培种，农业种植的所有品种，基本上是它的后代系统。山药，在世界各国的种植历史很久，最早的资料记载是1536年，约在16世纪由南美洲引入欧洲、北美洲。美国于1917年才由欧洲的爱尔兰引进栽培；苏联是1848年开始引进栽培，

莜面拿糕

烩菜"（亦称"杂烩菜"），就离不开山药。此外，它还可制作成多种味道别致的炒菜，例如"鱼香山药丝""干炸山药片""凉拌山药丝"等，吃面饭熬汤时也须配有山药条条。

山药从 17 世纪引入亚洲，18 世纪到 19 世纪初，世界各大洲开始大面积种植，并迅速成为世界主要栽培作物之一。

我国最早的山药栽培时间约在 17 世纪 20 年代至 50 年代之间（明末清初），先是在西北黄土高原、西南云贵高原和南部沿海（福建、台湾）开始栽培，以后逐步发展到华北、东北各省。内蒙古的山药栽培也就从这个时期开始。察右中旗由于地处高寒区域，年降雨量集中在七八月份，与山药的需水高峰基本吻合，夏季凉爽，昼夜温差大，日照充足，东部区土壤肥力高，西部区土壤中钾元素含量较高，因此，很适合山药的种植。

山药既是粮又是菜。作为粮食，它可和莜面一同制作成味美可口的各种食物，如先头讲到过的"席囤囤""山药丸丸""库垒"和"山药鱼鱼"等。作为菜，其制作花样也繁多，当地城乡人民最爱吃的"大

历史典故

HUASHUONEIMENGGUchahaeryouyizhongqi

# 历 史 典 故

## LISHIDIANGU

悠久的历史文化在察哈尔右翼中旗这篇神奇的土地上留下了许多传说轶事，它们既有对开天辟地、人类起源这样的恒久疑问的解答，又有人性中最普遍的对美好生活的向往和不懈追求。

### 辉腾锡勒与敖伦淖尔

自 1657 年，察哈尔部由原驻牧地义州徙至张家口、宣化、大同边外，察哈尔部众遂游牧于东起上都（霞德刚勒）西至敖伦淖尔，袤延千里的广阔草原上。

在这片人烟稀少、水草丰美的原野上，察哈尔蒙古族逐水草而居，过着悠然自得的游牧生活，大自然原始的生态环境与古老民族的游牧生活结成了和谐柔然的一体。辉腾锡勒辽阔的草原，不仅以它肥美的草场养育了一代又一代的牧人们，而且它独特的自然草原风光堪称塞上一绝，成为历代人们所瞩目的地方。

察哈尔右翼中旗境内的辉腾锡勒，犹如一道淡蓝色的天然屏障，高踞于海浪般起伏的山丘与沟壑之上，绵延百里，高处海拔二千多米，堪称阴山屋脊。由于这里盛夏凉爽、冬日奇寒，故得名辉腾锡勒，汉意

为"寒冷的山梁"。

古今闻名的敖伦淖尔锡勒就在辉腾锡勒西段的最高处，敖伦淖尔即为九十九泉。这里景色优美，天气多变。有时西边浓云密布，大雨滂沱，而东边却是晴空朗朗，光华熠熠。有时阴晴雨降，就在一山之隔，一沟之隔。多变的天气，带来奇异的温差。忽而凉爽如秋，忽而温暖如春，有时炎热如夏，偶尔还会有轻盈的飘雪。在平缓的山坡梁上，绿草茵茵，各种野花点缀其上，争奇斗艳，尽吐芳菲。放眼远望，茫茫原野满目青翠。远处山头，云裹雾罩，虚幻缥缈，令人陶醉。更为神奇的是每逢夏日，这分布在高山之巅的众多淖尔，宛若镶嵌在蓝天与高山之间的九十九颗明珠，波

光闪闪、相映成趣，招来一群又一群南国的鸿雁、天鹅、灰鹤以及各种名目繁多的水鸟。

由于奇妙的景致，这里吸引着历代的文人骚客，留下了种种美妙的传说。据说上天造物主用泥土捏成了一个九十九朵花瓣的莲花盆，安放在这绿草成茵的高原之上。人们埋怨造物主用泥土捏成的"莲花盆"为什么偏偏是九十九朵"花瓣"，而不是整整一百个？人们说，如果再捏一个，辉腾锡勒就成了佛光照耀的风水宝地，圣主成吉思汗就要在这里建都筑物，盖一座金碧辉煌的金銮宝殿。这自然是牧人们心中的海市蜃楼，但成吉思汗之子——太宗窝阔台，确曾在这里留下了他的足迹。九十九个淖尔之一的郎素

淖尔的东北处，至今尚有他的一座兵器库的遗迹和点将台的旧址，兵器库已是一座白草萋萋的土丘了，但点将台犹依稀可辨。它兀然屹立于一片开阔地之上，方园四五百米，正中有一个碗口粗细的圆孔。据说，窝阔台直指欧亚的军旗就曾插在那里，而他那支使整个世界震惊的雄师劲旅就在当年的点将台操练习演。

沧海桑田，先人轰轰烈烈的业绩早已随着历史的长河奔流到海，归于沉寂。留在人们记忆之中更为明晰的是辉腾锡勒那并不久远的苦难的过去。民国年间，辉腾锡勒这片蒙古族人民繁衍生息的美丽牧场，成了强盗出没、土匪横行的地方。辉腾锡勒以北，由地主、汉奸、官僚买办组成的"五大垦荒公司"，开着英国产的拖拉机，强行垦占了这片牧人们赖以生存的肥美牧场，曾经生活在这里的镶蓝、镶红旗的牧人们，只好背井离乡，远走他方。从此，水草肥美、碧水连天的敖伦淖尔变成了寥寥几个芦草枯黄的小湖泊了。

中华人民共和国成立后，人民政府下令保护牧场，植树造林，才使这一历史古迹和独特的自然景色不致于完全消失。1953年，人民政府在敖伦淖尔建立了种羊场，这里也成为了内蒙古自治区培育良种牲畜和进行养畜试验的基地之一。1980年，国家将敖伦淖尔开辟为供国际友人游览的旅游胜地。几年来，它以其美好动人的传说，闻名于世的古迹，绚丽多彩的风光，凉爽宜人的气候，吸引着五湖四海的游人前来观赏。

## 金盆的由来

说起"金盆"，人们都会自然想到黄金出产地、大包（大同—包头）公路线上的察哈尔右翼中旗金盆乡。可它原本的名字——经棚却鲜为人知，而经棚的由来和发展，则知之者更少了。

经棚坐落在辉腾锡勒西段、敖伦淖尔（九十九泉）西南脚下，地处四面环山、中间低凹的盆状地形中。百年多来，随着蒙古族佛教诵传的逐渐消失，"经棚"这个一度香火鼎盛、佛光照耀的风水宝地，

金金粉

成了被人遗忘的角落。民国年间，由于五大公司的放垦和砍伐，使曾经水清山秀的地方，变得林秃山荒，沟壑纵横。流失了的水土，带走了满山的青翠和清澈的泉水，这一带成了山穷水尽的穷乡僻壤。从口里来的农民们，终年劳作，所获无几，他们面对着影子一样伴随的贫穷，一筹莫展，因而幻想着平地出金银，带来好命运。因此，原来藏放经卷

地方的地名——"经棚"不复存在了，人们把幻想与地形巧妙地结合在一起，赋予它一个新的谐音地名——"金盆"，意为黄金围成的盆地。从此，这一地名便流传了下来，后来的人们便只知黄金盆地的"金盆"，而不知藏放经卷棚阁的"经棚"了。

时间过去的像流水一样，几十年一晃而过，当年苦难中挣扎的人们，他们心中的海市蜃楼今天竟然变成了现实。1968年，金盆乡的一位兽医将一粒在西牛庆沟河床拣到的自然金送到内蒙古地质局101地质队鉴定，确认为黄金，从此开始了辉腾锡勒地区的黄金地质普查和开采黄金的历史，因而从20世纪70年代的小型开矿到20世纪80年代的大型机械化开矿，整个金盆，从山沟到山坡被翻了个底朝天。1985年黄金产量达到两万两，从此金盆名扬四方，天南海北的无名氏涌向这里，淘金热一浪高过一浪。出产沙金的地域也逐渐扩展，几乎整个金盆地区都发现了程度不同的沙金。这里一改过去的贫困落后面貌，农民们再也不用"守着金盆受穷"了。现在家家筑墙建屋，一栋栋红砖房拔地而起，人们的生活水平逐年上升。

随着金盆的出名，"金盆"地名的由来也被赋予了这种种神秘的

色彩,有人说,金盆村周围有九条沟,过去这九条沟里一年四季水长流,在村中有一个很大的土围子,这是九龙戏珠的象征。而这个低凹的盆地必然是一个宝盆了,故此得名"金盆"。随着不胫而走的传说,人们竟把王母、九十九泉与金盆联系在了一起,美妙但却荒诞的传说遂流传于民间:古时候王母娘娘带领一群天女到辉腾锡勒的敖伦淖尔观赏九十九泉,天女们观看了这绝无仅有的人间美景,被深深地陶醉了,随着歌乐忘情地起舞,随手撒下大量黄色的菊花,以后就变成了沙金。穷苦百姓发现后,成群结队来此挖金致富,破坏了圣地,天神发觉后,派一群力士大汉背来九座大山,围成一个圆圈,好似盆样,因而得名金盆。

传说终归不是事实,关于金盆地名的由来根据近年来文史工作者的考察是这样的:"1675年(康熙十四年)由义州迁来的察哈尔蒙古族屯驻于张家口、大同边外,其中镶蓝旗十二苏木的兵丁屯驻于巴日嘎斯太(汉译为有柳树的地方,即现在的转山子)和夏日哈达(汉译为黄色的山崖,即现在的转经召)一带。镶蓝旗十二苏木的苏木庙就建在夏日哈达。当时这里景色十分迷人,夏日哈达沟里有一股湍急的泉水,沿夏日哈达沟顺流而下。夏日清澈的泉水河边绿树成阴,郁郁葱葱,河边草地各种野花争芳斗艳,花香袭人。十二苏木的兵丁们选中了这块"风水宝地",建造了苏木庙。在庙旁建起了一个十间房屋大小的经轮,里面装着佛经,利用山泉水

金莲花

的冲击力推动经轮转动,转动一次就等于吟诵一遍佛经,以求得出征平安,生活吉祥如意。当时十二苏木的佐领(苏木长)居住在巴日嘎斯太,这里距苏木庙夏日哈达20千米。每年一次的祭典盛会时,兵丁们背着沉重的经卷,从巴日嘎斯太出发,来到夏日哈达祭祀,祭典完后再背回巴日嘎斯太。这样经过百年多,到了乾隆年间,十二苏木的一位佐领想了一个办法,在巴日嘎斯太与夏日哈达中间建立了一个驿站,这样不仅能够歇息打间,还能

够藏放经卷。从此，在每年一次的祭典盛会时，背来的佛经，回去时只需放到中间站就行了。这个小驿站也就被命名为"经棚"（意即藏放经卷的地方）了。一直到1943年，伪陶林县在金盆成立警察署时，牌子上写的还是"陶林县经棚警察署"。后来"经棚"和"金盆"被同时使用了，有时写经棚，有时写金盆。一直到中华人民共和国成立初期才统一用"金盆"两字作地名。而这一带黄金的来历，根据近年来黄金地质部门的勘探证实，金盆山段属

辉腾锡勒，同体属阴山山系。几万年前，科布尔、敖伦淖尔、金盆一带为汪洋一片，后因火山喷发，地面骤烈隆起形成了辉腾锡勒。金盆一带的沙金属地壳变化，火山喷发形成，其覆盖层在2米至30米之间，矿体厚度在0.5米至4.5米之间。

### 金马驹的传说

有一年，辉腾锡勒草原附近来了南方逃难的父女俩，父亲大约五十几岁，女儿也有二十出头了，一副凄凄惶惶的样子，说是发大水，全家只剩父女俩了。

那父亲只说给女儿找个好人家，自己老来有靠，也就行了。

牧村的人们马上想到单身汉侯七七，这七七呢，是个孤儿，自幼父母双亡，十几岁就给蒙古王爷放马，到二十几岁，曾在一帮强盗中，救过王爷的一个格格出来。王爷一高兴，赏他在一个冬营盘居住，并给了他几十只羊。从此，七七就成了一个自由的草原牧人。

那七七一见逃难的女儿，便心里中意，这女虽然蓬头垢面，风尘仆仆，但一双秀目，满是灵气，满

含深情。那父女一看七七家境，有房有草场，又有羊群，三言两语，就撮合成婚。七七杀了几只肥羊，请来全牧村的老幼乡亲痛饮一天。这是闲事，不必细说。

只说七七与那女子成婚后，两个也是十分合得来，恩恩爱爱，只有一样事令七七纳闷，妻子与自己有说有笑时，只要那岳父一回来，便马上冷若冰霜，并且低眉垂眼，不敢正眼看父亲。七七想：莫非这南方家教就这样严谨？不像草原上一家人无尊无贱，团团围坐，大口

吃肉，大碗饮酒。

　　成婚不到七日，那岳父提出来不能坐着吃闲饭，想帮女婿放羊。七七一听，自然高兴，找来一匹性子和善的黄膘马，就先教岳父骑马，然后就带岳父到辉腾锡勒草原上牧羊。

　　当时，辉腾锡勒并不叫这个名，辉腾锡勒是冷梁的意思，那时，它叫七十二泉，可以说四季如春，因为这块草场上有七十二个泉，这泉不是叮咚流水的那种泉，而是自成一个方圆几十亩的湖泊，湖泊如镜，水鸟成群，四周花草丛生，是极好的牧场了。

　　七七的岳父并不专心放牧，而是骑着黄膘马，一个泉一个泉地转悠，那黄膘马自己识得路，不管多远，都会带他回到七七的身边。过了不久，七七的岳父就自己出出进进，

还不时从草原上挖几种药材回来，牧人们有个头痛脑热，他给煎熬一剂，竟也管用，七七的岳父也成了牧村离不开的能人了。

　　日子如流水，不到半年功夫，已是七月初几了。这天晚饭毕，七七的岳父从草原急匆匆回来，先到房间与女儿嘀嘀咕咕一番，七七听得妻子竟抽抽泣泣，又见岳父却笑吟吟地出来，一副长辈的样子："贤婿，对女人不能没有架子，你们这里的男人就这一点不好。"七七嘻嘻傻笑。只见岳父坐下，一本正经

地对七七说："贤婿，我有一事求你。"七七忙凑近前说："您老说。"岳父道："我本是一个医生，在一个泉里发现一种很难得的药物，只是我一人难取，需要你帮忙。"七七忙问："怎么帮忙？""到时，我教给你。"岳父转身又进了女儿房间。七七很纳闷，几日里，他总感觉到有什么不对劲，自己的妻子总是泪兮兮地望他。到了七月十五这天，岳父说："今夜就是采药的良辰吉日了。"话说到了黄昏，吃过饭，七七岳父打点着什么，七七呢，替妻子收拾饭碗，因为妻子曾悄声告诉他，怀上孩子了。岳父已在门外喊了："七七，快走。"就要出门了，妻子急得在七七耳边，快速地说："第一次听他，第二次别、别……"七七岳父又在外面喊了，七七感到怪里怪气，回头见妻子泪流满面，他的心就沉重了。

但说七七与岳父骑马来到了辉腾锡勒草原，十五的圆月柔和的光把草原照得朦胧恬静，月下，远远近近湖泊发出金色的光芒。

那岳父默默无言，只是催马急行。左绕右行，来到一个小湖边，七七认得这里叫"野马泉"。两人下了马，七七不解地问："您老说的药，就在这里？"岳父点点头，坐下来盘腿休息，一会儿站起身，从马背上拿出两样东西。七七近前一看：一把五色小鞭，一个红丝编的精巧马笼头和缰绳。岳父递给他后，说："贤婿啊！可要记住，我就要下去采药了，第一次给我递马鞭子，第二次你给我递马笼头，千万，千万。"七七说："我就做这点事？"月下，岳父狡黠一笑："这样做好，就不容易了。"

说话间，七七看见岳父双唇抖动，念叨什么，怪了，只见湖水自然分开，如小道一般，岳父缓步走入湖心，身后湖水相合，又如平镜。七七来不及惊诧时，只见湖水翻卷，并听得人喊马嘶，忽地湖边水中伸出一只蓝色巨手，如蒲扇大小向他伸张。七七赶快把五色马鞭放在手中，那手便倏忽缩回。听得水下鞭响马鸣，半个时辰过后，又见水中伸出蓝色巨手，又向七七伸张讨要，七七这时明白了，临行时妻子说第一次听他的话，第二次别……就是别听他的。于是，他拿着马笼缰一动不动地看着巨手。那手急速地不停伸张，七七后退了几步，坐在湖边静观其变，那巨手拿不到东西后，惶惶缩回水中，但不到一会儿，哗啦啦水中又伸出一只红色巨手，直向七七招摇，七七感到害怕，赶快骑马跑开了。

到了家时，妻子还在灯下等他，

81

见七七进了门，高兴地扑到七七怀中，然后向七七讲了事情的原因。

原来，她是那个人的一个小妾，那男人是一个法术高明的取宝人，他发现野马泉底有一头金马驹，便假扮父女，不惜将妾送给他人。本来计划，取了金马驹，就带小妾远走高飞。谁知小妾与七七真心相爱，并怀上了孩子，同时，那女子也看透了取宝人的贪婪本性，及时地指点了七七。

其实，那天，取宝人第一次用马鞭制服了金马驹，第二次伸手，如果七七把马笼头递给他，他就拴上马，骑上金马驹飞走了。七七听了妻子的话没有给他，当伸出红色手掌时，那马已咬伤了他的手臂，以后的结局就可想而知了，取宝人葬身湖底了。

七七妻子告诉他："如果你递给了他马笼头和缰绳，七七一定会被马蹄踩碎。更严重的是，那湖泊将从此干涸。"

七七听得吓出一身冷汗。从此对妻子更加疼爱。

但是不知过了多久，这野马泉中的宝物还是被人取走了。据说这七十二泉，泉泉都有宝物，结果逐年减少，泉水一个个干涸。这辉腾锡勒连气候都变了，也就成了今天这个样子。

## 银贡山的传说

银贡山，远看像一条巨龙，横卧在黄羊城盆地的西边。南面的龙头微微抬起，北面的龙尾紧贴大地，龙身的中间高高拱起，似乎在积蓄着全身的力量，随时准备一跃飞天……

银贡山有许多美丽的传说：青龙的下凡、常常开合的红门、神奇的石臼……

### 一、青龙下凡

古时候，黄羊城地区气候温润，水草肥美。一年四季，鲜花漫山遍野。小河流水时隐时现，在山峰、森林、鲜花、绿草中蜿蜒流淌，叮咚作响。鲜花中、草丛里、流水边，到处是飞舞的蜂蝶。天空中百鸟飞翔，草地上牛羊成群，马背上的牧歌悠扬高远，牛背上的短笛悦耳怡神。时而成千的黄羊在草原上疾驰而过，时而上万的鸣禽掠过蓝天。天上的

青龙下凡

神仙十分羡慕人间的自由、幸福、美丽和祥和，他们常常悄悄的拨开云头，欣赏、观看人间景象。天上的仙女禁不住人间的诱惑，常常结伴偷偷地来到凡间，享受美好的时光……

天上的雷婆也常常偷窥人间胜景，十分羡慕私自下凡的仙女在人间享受的快乐生活，但又惧怕威严的天条，不敢擅离职守。久而久之，心生嫉妒，进而心生邪恶。一日，

雷婆和她的侍从们纵酒寻欢，酒到酣时拨开了云头，正好看到几个仙女在鲜花灿烂的人间尽情嬉戏，妒火一下就烧了起来，于是命令雷、电、风、雨各路主持，极尽力量作乱人间，顷刻间，美丽、祥和、幸福、自由的凡间，变成了雷电交加、风雨大作的混沌天地。青山垮塌了，大地崩裂了，洪水像猛兽一样吞噬了人间的鲜花、草地、牛羊和世世代代生活在这里的人们……

东海龙王的小儿子青龙，受父命驮着许多金银财宝和两个童仆去

西天为王母娘娘祝寿，正好飞到这里，看到这里一片天崩地裂、呼儿唤母的惨景，心生悲怜，冒着龙身化为山石的危险，飞跃人间，以自己的身体挡住了汹涌的洪水……

青龙由于私自下凡，逆了天规，从此不得再回东海、再回天上，永久伏在了人间。

不知道过了多少年，洪水慢慢的退了下去，筋疲力尽的青龙慢慢的露出了水面。

也不知又过了多少年，青龙慢慢的变成了坚挺陡峭的青山……

他身上驮着的金银财宝，细小的渐渐的渗入龙身，形成了山石里的脉金，硕大的滚入了洪水中，洪水退后，形成了大大小小、奇形怪状、五彩斑斓、内含金银的石头，散落在银贡山主峰的周围。

人们为了纪念舍生忘死的青龙，便把横亘在黄羊城西部的、青龙化身的山峰起名为银贡山。

据说近年来银贡山的山色在逐年的变深，山的姿势也在发生着微妙的变化，龙头渐渐昂起的青龙也许在不久将重飞上天……

**二、常常开合的红门**

银贡山主峰下不远处的东坡上，有两块极像两扇门的红石头，上面

天上的仙女们又开始偷偷地来到人间。她们常常居住在仙人洞，仙人洞的红门在那时常开常合。仙女们在青龙童仆的引领下，到处观看人间自由、幸福和美丽景象。久而久之，两个仙女和青龙的两个童仆相恋、相亲、相合并生儿育女，过上了真正的人间自由、幸福的生活。

是银灰色的突出的门槛，周围是金黄色的门框，门面平整而光滑，上面还有许多的像字又不像字的符号，据说是开启和关闭红门的咒语。

相传在很久很久以前，青龙驮着进奉西天王母娘娘的寿礼，私自下凡拯救人间的苦难。青龙后来化作了银贡山，青龙背上系的最紧的宝箱在青龙的两个童仆的保护下，化作了银贡山的主峰，宝箱变成了仙人洞，宝箱的两扇赤金门便化作了银贡山上的红石门。

洪水慢慢的退去后，青龙的两个童仆打开红门，搬出里面的财宝晾晒，哪知洞中的宝物一见阳光，整个天地一下子变的五彩斑斓，山下未退去的洪水瞬间消失，银贡山的东面变成一个巨大的盆地。鲜花、绿草、河流、瀑布、森林重新覆盖了这里。百鸟来了，牛羊来了，马背上的牧歌，牛背上的短笛又悠扬嘹亮起来了。这里又变成了人间天堂……

不知又过了多少年，玉皇大帝终于知道了两个仙女的事情，有心惩罚她们私自下凡且结婚生子的过错，但又感动于她们的相亲相爱，便下令只将他们驱逐下银贡山，贬入民间，仙人洞永久封闭。从那时起银贡山的红门再也没有开启过。现在山上那红门上的封门咒语还能看见呢！

### 三、银洞沟的宝藏

银贡山里有一条沟，沟里有一

山丹花

条小溪，溪水中尽是各种色彩的鹅卵石。沿着曲曲折折的溪流往上走，西坡上有一个隐秘的洞，不到跟前是看不见的，那溪流正是从洞里流出，因为洞里有银矿，所以这个洞叫银洞，这条沟就叫银洞沟。关于银洞沟，有一段神奇的传说：

在很久以前，青龙驮着进奉西天王母娘娘的寿礼，下凡拯救人间的苦难，青龙身上的一个五彩锦囊，掉在洪水里，虽随水漂流，但不离青龙左右。洪水退后，青龙的童仆就将五彩锦囊里的金银打碎撒在山下，让难民们捡拾，以渡难关。后来青龙化作银贡山，那个装有金银细软的五彩锦囊，便化作离银贡山不远处沟里的一个石洞，山洞里泉水汩汩，长流不息，洞中被水流冲出来的五彩石子，随着小溪流水慢慢向下移动，慢慢变圆变扁，在清清的溪水中，色彩斑斓，放着各种颜色的光，非常的好看。

慢慢的，人们发现这美丽的石头里含着金银，就在小溪中捡拾五彩石块，卖给提炼金银的匠人。再后来人们知道了沟里的洞中还有许多的财宝，但人们知足，银洞沟里的金银，就够他们富足的生活了，因此谁也没有上山盗取。

银洞沟不知养活了世世代代多少人，后来被一个不知道从哪里来

的财主知道了这个秘密。财主高兴的不得了，带着许多家丁赶走了当地的人们，霸占了银洞沟。

那年年底，财主急的等不到来年开春，就在腊月二十三那天，带着家丁和车马进了银洞沟。财主一行沿着小溪曲折而行，路越来越窄，越来越陡。车马上不去了，财主就命令家丁们跟着他攀岩而上，谁知没过一个时辰，身后跟着他的几个家丁就失足掉下了山崖……

财主头上冒着热气，终于爬到了银洞口。一进洞，财主顿时两眼放光，只见金银、珍宝满洞都是，还一闪一闪的，放射着奇异的光芒。财主从来没有见过这么多的、这么罕见的财宝，兴奋极了："哈哈，这些财宝，都是我的了，今后何愁不为天下第一富？金钱美女还不像墙上的泥皮，剥了一层又一层？"

财主眼里放着绿光，将大的宝贝背在背上，小的宝贝提在手里，珍珠、玛瑙、翡翠项链一律挂在胸前，头上插满了金银玉簪。财主转着沉重的身体，贪婪的看了看洞中的宝物，大声说："这些都是我的！都是我的！都是我的！我马上就回来了！"然后一步三回头的走向洞口。

哪知一出洞口，只见漫天飞雪，一片混沌。整个银洞沟已被暴风雪填平。背着金银、提着宝贝、挂着

翡翠、插着金银玉簪、活像一个宝贝疙瘩的财主，在呼啸的风雪中，一步登空，消失在了漫天风雪里……

不知又过了多少年，日本人来了，他们听说银贡山有个银洞沟，沟里有个银洞，银洞里有取之不尽用之不竭的财宝。

日本人急不可耐，立即派了五十个人的队伍，顶着炎夏酷日开进山里，寻找宝藏。

日本人进山以后，银贡山整整下了三天瓢泼大雨，沟沟岔岔爆发了三天的洪水，进山的日本人一个也没有活着出来。有人说被洪水冲出了山外，冲到了山外的河滩上，五十个，一个也没有少。

从此银贡山地区又恢复了平静而祥和的样子。

## 四、黑山子传奇

在银贡山的北面不远处，有一座山，圆圆的，没靠没照，四面皆是平地，那山远看极像一口倒扣的黑铁锅，当地人叫它"黑山子"。关于黑山子有这样一个传说：

雷婆触犯天条，水淹黄羊城地区，给人间带来了无穷的灾难。玉皇大帝知道雷婆贻害人间的恶行后，怒发冲冠，下令各路神仙捉拿雷婆。雷婆自知罪恶深重，在一个月黑风高的夜晚只身逃到人间，隐藏在银贡山附近的深山老林里。后来雷婆

耐不住寂寞，便时时改头换面，到人烟稠密的地方观看凡人盛事。久而久之，在人间还养成了吃喝嫖赌的坏习惯，加之本性恶劣，在人间干了许多坏的事。有一次雷婆醉酒，现了真身，被奉了玉帝密旨查访雷婆的灶王爷发现了。灶王爷上天报告了雷婆在人间的踪迹和恶行，玉帝一怒之下，把雷婆点化成一座石像，永远跪在青龙的尾部，以求得青龙的宽恕、以求得凡间百姓的宽恕。后来玉帝终究不放心雷婆，就让太上老君将他炼丹的一口大铁锅扣住雷婆，让他永世不得超生。

也不知什么时候，那黑色的铁锅，竟然变成了一座黑色的、孤孤单单的山峰。

至今每当雷雨天，人们仿佛还能听到雷婆在山里敲打锅底的声音呢。

## 五、神奇的石臼

银贡山上，不仅有许多大大小小、高高低低、奇形怪状的石头，还有许多的石臼，他们有大有小，有深有浅。每当雨过天晴，人站在山上，只见那些贮满水的石臼在阳光下，泛出点点银光，有的银光上还泛出金色的晕圈，为银贡山增添了许多神秘的色彩，让人们不由得想起了一个美丽的传说：

据说青龙下凡拯救人们的苦难

时，在洪水的冲击和龙身的摆动下，青龙脖子下系的一只金铃，甩落在汹涌的洪水中。青龙一声长啸，落水的金铃瞬间飞出水面，化作一股金光，变化成一只大船。在水中挣扎的人们奇迹般地飞入了大船，人们得救了，可人们的家没有了，大船于是载着人们去了西边，人们在那里重新建立了家园……

金铃悲鸣着飞回到青龙身边，想助主人一臂之力，无奈法力不济，青龙望着东天："金铃你赶快走，我已经违了天命回不去了，再不走的话你也会变成石头，永远留在这里了。"金铃不忍离主而去，化作一只巨大的铜钟靠在青龙的身旁。

后来洪水渐渐退去，青龙化作山峰，金铃也化作了一个石臼，时时在青龙的身边游移，一边为过路的人们积水解渴，一边等待主人有一天化石为龙，重回东海。

不知又过了多久，金铃慢慢的不再游动，生命慢慢的耗尽，但那石臼却有了灵性，每当过路的人们口渴时，他就会闪现灵光，引导口渴的人找到石臼。上山的人，在石臼旁一次只能喝一口，过一会儿才能再喝一口。石臼中的水非常甘甜，而且能治百病。它永远是满的，但却从来不溢。无论风吹日晒，永远不干涸。这神妙的东西，谁不想亲眼一睹，亲口一尝？于是就有人动了歪心眼，想上山找到那神奇的石臼，据为已有，可找见的石臼很多，无论晴天还是雨天，却都是没有水的。

到现在，路过银贡山的人，只要口渴，都会无意遇到这一神奇的石臼，喝上几口甘甜的水，不仅解了渴，还百病不生呢！

## 玉皇庙的传说

位于察右中旗科布尔镇东北30公里的宏盘乡玉皇庙村，流传着有关玉皇庙的不少传说。如今人们在玉皇庙的旧址建了一个简陋的庙室，在此举行各种祭祀、祈拜活动。可见玉皇庙中诸神仙对老百姓的影响还是比较深刻而且广泛的。

据当地人传，一位山西朔县的乔姓商人，贩卖和经营北方的动物皮毛，手头积攒了一笔银两。清咸丰某年，北方大旱，绵延数百公里草木枯萎，河塘干涸，土地干得就差冒烟了，当地的牲畜因饥馑几乎死光了，野兽都向东北、蒙古或者俄罗斯远东地区迁徙而去了。内蒙古中西部除河套地区外其余地方颗粒无收，这对当时靠天吃饭的农民来说无疑是一次严酷的天灾。

山西来的这位皮货商生意彻底黄了，他亲眼看到了灾民的艰辛和苦难，所以萌生了一个念头，就是大面积垦荒种地，在丰年囤积粮食，确保各家各户有足够的余粮对付灾年。基于这种想法，他当年举家定居在这里，并购置了牲畜农具，带领村民们乘秋雨开荒。

一天，他在耕地时耕出一块长方形石头，他好奇地拂去泥土，发现石块上写有"玉皇大帝在此"几个字，他大喜大惊地拿回村让村民们观看，于是这件事就在周边村落中传开了，而且越传越神，甚至连地方衙门都知道了。地方上的老百姓和官衙无不感到神奇，就有了修庙的动机。加之乔商人大肆宣扬、极力推动，四乡八邻的百姓们积极响应，有钱的出钱，有人的出人，历经数年，终于在耕出奇石的地方建起一座宏大的庙宇。

庙宇宏伟气派，有正殿、偏殿、天井、正门、钟楼。内有玉皇大帝及诸神像。玉皇大帝神像居中，其他诸神及罗汉分立左右，庄严神圣。当时从外地请来能工巧匠进行了雕塑、绘画、油漆、粉刷、修饰、装潢，还从南方运来两块汉白玉碑，上面镌刻了建庙有关事宜及奠基和落成年月日等事实。

整座建筑雕梁画栋、飞檐斗拱、青砖灰瓦、红墙朱门、金佛玉碑、宏钟高悬、豪华气派。落成之时举行了隆重的庆典仪式，并举办了第一届庙会。而且从此每年这日都举办庙会，会期6天。会时歌舞升平，商贾云集，有以货易货的，有换取白银的，南方的小商品和北方的土特产形成互补，活跃了市场，拉活了流通。一年一度的庙会成了后山蒙汉民族的盛事，当地经济受到了刺激，人们的眼界开阔了，生活水平有了提高，乡亲们认为是玉皇大帝保佑了他们，所以方圆数十里甚至数百里的蒙汉信徒们都要前来供奉朝拜，烧香许愿。玉皇庙一时间香火鼎盛，名声显赫，一直延续到20世纪初。

敖包庙宇

HUASHUONEIMENGGUchahaeryouyizhongqi

# 敖 包 庙 宇

## AOBAOMIAOYU

　　察哈尔右翼中旗的前身是由察哈尔镶蓝旗、察哈尔镶红旗和陶林县的三个行政区域组成，境内敖包庙宇分布广阔。

　　察右中旗的前身是由察哈尔镶蓝旗、察哈尔镶红旗和陶林县的三个行政区域组成，1950年撤销镶蓝旗和镶红旗组成镶蓝镶红联合旗，1954年撤销陶林县和镶蓝镶红联合旗成立察哈尔右翼中旗。

　　清朝初年，随着蒙古察哈尔八旗的建立，镶蓝旗和镶红旗境内的敖包在原有的敖包的基础上又增加了许多新的敖包。据初步考查，察哈尔右翼中旗境内有近50座形态各异的敖包。现在留存祭祀的有30多座。

### 巴音松布尔敖包

　　巴音松布尔敖包是察右中旗的旗敖包。位于科布尔镇东山公园东北处。地理坐标东经112度38分27.7秒，北纬41度16分46.28秒。海拔1737米。2014年旗委、旗政府在科布尔镇内建立了察右中旗成

巴音松布尔敖包（旗敖包）

立以来的第一座旗敖包。旗敖包的建立，不仅满足了在镇里生活和工作的蒙古族群众对传统文化活动的要求，而且使科布尔拥有了自己的标志性建筑。

### 锡勒敖包

锡勒敖包（汉意为建在梁上的敖包），亦称玻璃敖包（蒙古语，博里彦，意为温暖）。敖包位于察哈尔镶蓝旗和察哈尔正红旗交界处。地理坐标东经112度36分20秒，北纬41度10分，海拔2029米。敖包附近有一处古城遗址。在20世纪晚期经有关科研部门的考察，依据其出土文物等诸多迹象，认定该废墟是鲜卑时期的建筑遗址，而屹立于建筑前的八面体巨型敖包建筑，

属于同一时期形成的敬仰大自然的文化载体。这种论断充分佐证了敖包文化的久远历史。北方草原的敖包曾经是诸多游牧民族共同信奉的精神寄托，锡勒敖包历史之久远，设计建造之宏伟，使其不仅是乌兰察布草原，也是内蒙古乃至整个蒙古高原历史最为久远的敖包之一。它历经鲜卑、隋、唐、五代、十国、辽、宋、夏金、元、明、清到如今。

在《元史·太宗纪》中记载，窝阔台汗于其三年（1231年）南下收复中原时，三次途径敖仑淖尔（即今察右中旗辉腾锡勒九十九泉），此地属于高山草甸草原，夏季水草丰美、百花争芳斗艳，生态景观异常秀丽，气候格外凉爽宜人。窝阔

锡勒敖包

知名敖包证书

台汗率部南下时曾在此避暑，遗留下窝阔台汗围猎场、点将台等文化遗址。那座久负盛名的锡勒敖包，屹立在敖仑淖尔的东南梁上。当时，与窝阔台一同避暑的拖雷大将奉命出征宝鸡时，为了顺应长生天旨意而能旗开得胜，率全军将领隆重地祭拜了威武沧桑的锡勒敖包和苏鲁锭战旗。结果拖雷大军如愿以偿，马到成功，大获全胜，凯旋而归。

清朝康熙初年，为了守卫京城，重新组建了军事体制性质的察哈尔八旗，布署在宣化至大同以北地区。敖仑淖尔地域属察哈尔镶蓝旗与察哈尔正红旗。两旗把历史悠久、宏伟壮观的锡勒敖包作为共同的祭祀敖包，由两旗在每年的阴历五月十三共同祭祀，一直到1954年撤销镶蓝镶红旗，建立察哈尔右翼中旗为止，近三百年间，两旗民众为了求得风调雨顺、国泰民安、自然和谐、事事如意，年年都对锡勒敖包举行隆重的祭奠仪式。1954年行政区划变革后，敖仑淖尔地域归属察哈尔右翼中旗。期间除了"文革"十年动乱时期停止祭祀之外，该敖包的传统祭祀活动一直在延续，历经数千年的锡勒敖包，曾经由鲜卑、契丹、蒙古等多个民族承上启下、继往开来进行祭祀活动，用敖包这种文化形式呵护着自然、敬畏着自然，使草原生态生生不息，这份功劳当归敖包。2016年，锡勒敖包被中国蒙古学会、内蒙古民俗学会评为"内蒙古知名敖包"，并颁发了荣誉证书。

## 巴日嘎斯太敖包

打开清代时察哈尔镶蓝旗地图，醒目的印有"巴日嘎斯太"五个大字，即现行行政区划中的察哈尔右翼中旗乌兰苏木的巴日嘎斯太嘎查，原属镶蓝旗十二苏木。巴日嘎斯太系蒙古语，意为生长有柳树的地方。清初组建察哈尔镶蓝旗时，由科尔沁草原迁来的伍姓蒙古，即塔布囊（蒙古贵族姓）二十五户，定居在巴日嘎斯太。科尔乔德伍氏蒙古的二十五户，男性全为兵丁，十八岁以上为一等兵，也叫护军，蒙语叫贝热，一至十八岁的为二等兵，也叫马甲，蒙语称胡雅格。贝热和胡雅格都享受着不同的俸禄待遇。贝热年俸为二十四两银，胡雅格为十二两银。贝热平时生产，战时应招从征。清朝无论是对内对外的历次战争，都有察哈尔兵参加。

巴日嘎斯太敖包

仅巴日嘎斯太这二十多户的兵丁，每次征战总有人参加，也有阵亡的。以后清朝政府又从蒙古其它地方征招部分蒙古兵丁，补充了塔布囊伍姓的缺员。这支旗人的后代，靠着自己勤劳的双手和优越的自然条件，世代生息繁衍，人丁兴旺。巴日嘎斯太自有蒙古军驻防以来即建有敖包。每当战时出征，总要在敖包前举行祭祀仪式，以求出征胜利、平安归来。平时在阴历五月十三祭祀。巴日嘎斯太是一个四面环山、树木葱茏、流水潺潺的秀丽山庄。南边敖包山挺拔巍峨，一山独树，巴日嘎斯太河由南流入，绕敖包山向西缓缓流过，东西两座长形大山与敖包山隔河呼应。

曾经有风水先生称此地为二龙戏珠的宝地。敖包紧依敖包山，在敖包山西侧，地理坐标东经112度21分46.26秒，北纬41度3分41.24秒，海拔1513米。敖包为三层圆锥形，规模较大。敖包旁有一颗参天古榆，遮阴避雨。每年阴历五月十三，从一大早开始，上营子、下营子、南营子几个浩特的蒙古族牧民便不约而同的开始忙着祭祀敖包的各项准备活动。主祭和老人们天不亮就到了敖包，之后人们陆续到达开始摆放奶食品、牛、羊肉食品和其它祭祀品。祭祀完毕后，小孩子们围坐在敖包周围，每人拿一个木碗分享祭祀品，大人们（女人们不上敖包）举杯祝福，开怀畅饮，分享着长生天赐予的幸福生活。敖包在"文革"期间遭破坏，后又重建、恢复祭祀活动。

脑木更敖包

### 脑木更敖包

　　也叫大敖包，位于库伦苏木东南，新建嘎查境内，后迁移到了一层山。地理坐标东经112度42分5.50秒，北纬41度42分1.35秒，海拔1454米。

　　此敖包为博教萨满敖包，供有黑神，牧民们对敖包的祭祀是唯诚唯敬的，平时出门远行必须到敖包上磕头，并捡一小块石头装在身上，祈求保佑一路平安。走路至敖包前也要下马把石头堆齐，磕头后绕行过去。敖包附近居住的牧民，挤完奶或早晨喝第一杯茶时都要洒向敖包祭祀。传说早先有一户从外地迁来的农民，住在了敖包附近，不仅不祭祀敖包，还把敖包上一块刻有文字和图像的石碑拿回家中，用在了猪圈门上，此后他家接连发生意外之事，大人小孩无辜生病，牲畜死亡。无奈他找了风水先生，说他玷污了敖包，所以遭来灾祸。于是他把从敖包上拿来的石碑清洗干净，穿上从牧民那里借来的蒙古袍，背上石碑，全家老小到敖包上敬香磕头，每天如此，一直坚持了七七四十九天，家里人病情不治自愈，家中牲畜不再死亡。从此再没有人敢对敖包做不敬之举。

### 立兔庙大敖包

　　立兔庙大敖包位于广益隆镇中什拉嘎查立兔庙东山顶上。地理坐标东经112度7分31.36秒，北纬41度32分58.57秒，海拔2039米。

立兔庙大敖包

立兔系藏语，意为原野之泉。立兔庙始建于清乾隆三十五年，距今已有240多年历史。清廷曾赐名永佑寺，蒙名额古若德义布个胡苏目。立兔庙原是四子旗24个大庙之一。中华人民共和国成立后曾属武东县，1958年撤销武东县，划归察右中旗。立兔庙大敖包是庙内喇嘛和当地牧民共同祭祀的敖包。立兔庙建在巍峨挺拔的高山悬崖之腹地，鳞次栉比，宏伟壮观。相传，建庙喇嘛在中什拉嘛咪图村北坡上选好了庙址，拉上红线准备破土时，突然跑来一只小白兔将红线带到了现在庙址的位置，兔子就不见了，建庙喇嘛认为这是神灵的旨意，于是就把庙建在了这个地方。

## 板申图庙

板申图庙位于现科布尔正北库伦苏木板申图嘎查，距科布尔镇约有65千米。这个庙原是凉城三苏木的庙，是1942年迁移到库伦苏木板申图的。

据传说这个庙是清康熙年间，康熙第六子准备当皇帝而在现凉城县三苏木境内建造的，规模和式样都是按照北京紫禁城金銮殿建的，宏伟而富丽，后因称帝计划落空，只

立兔庙

派了一些宫人看守。第五世达赖喇嘛到此庙传经，改为喇嘛庙。皇帝命名为"阿拉腾锡勒黑特"（金銮殿庙宇的意思），汉人叫大庙。大庙分为东庙、西庙，设置东喇嘛（活佛）、西喇嘛（活佛）。东西大殿分别有东西衙门，有衙役和兵丁。当时这个庙有管理各旗的权利，有喇嘛僧员600多人，一切开支都由朝廷直接拨给，清末改为拨地3000顷，靠粮草收获养庙。牛马羊等牲畜很多，因此这个庙是个富裕的寺庙，在察哈尔草原上也比较有名气。

1939年，一股匪徒闯入该寺庙，枪杀了东喇嘛，抢走了许多金银财物，放火烧毁了正殿，全庙喇嘛四散逃跑。一部分喇嘛跑到库伦苏木板申图嘎查，其中一名叫斯力窝的大喇嘛，是位有名望的医师，在他的呼吁筹划下，于1941年收集了原凉城大庙的一些残留财产，并把自己的200多只羊、160多头（匹）牛马献了出来，在板申图建起了6间大的寺庙，召回十多名喇嘛，开始了佛事活动。

从凉城大庙迁来的财物中，尚有许多有历史价值的东西，如金银、铜制的佛像和上万卷的佛经，其中一部《甘珠尔》经共108函，是用金泥书写的，最为珍贵。据说这部经就是17世纪察哈尔林丹汗组织大批人员翻译的108函《甘珠尔》经，包括了哲学、数学、天文、地理等各门科学理论，收集整理了蒙古语言的大量词汇，对于研究蒙古语言文学的发展和各民族的科学文化交流，具有很高的价值。据说这类《甘珠尔》经只有在多伦淖尔汇宗寺和板申图庙各存一部。

板申图庙的念经佛事活动时间规定是：

从农历腊月二十五开始至正月初六念《当格锡达》经（厉害，硬的意思，在宗教神中有十个厉害神）。四月初七至十五念《敖特其》经（药王神经）。六月初八至十五全庙喇嘛集会诵《马合塔拉》经（歌颂的意思）。七月十五日念一天送《桑日》经（送鬼），十六至八月初念《亚日内》经（祝福人们延年益寿）。

此外，这个庙不同于其它庙的一点是诵"海楞"经畅长达45天，是喇嘛教中最长的诵经会。

## 吉仁巴庙（红旗庙）与基尔其庙

吉仁巴庙（红旗庙）位于现科布尔镇35千米，铁沙盖镇，这个庙由始建喇嘛劳布生根登的"吉仁巴"称号而得名。1796年嘉庆元年开始建筑，1799年基本建成。清朝皇帝赐名并亲题"福佑寺"三字。

庙的规模很大，有大殿拉布仁

铁沙盖镇红旗庙旧址

独宫、正殿超克庆独宫、活佛殿呼图克图独宫、佛灵殿努乃独宫以及律墨林独宫5座大殿，还有西若生、东若生等8座排殿。

由于这个庙的创始人喇嘛劳布生根登（第一世"吉仁巴"）、力根登（呼图克图）医术高超，人称药王神转世，远近来此求医者很多，名声一时大振，被誉为药神庙。18世纪90年代，是这个庙的鼎盛时期，喀尔喀（现蒙古）的57个旗和内蒙古地区的49个旗都派人来此学医。

20世纪40年代，这个庙的喇嘛还有百余人（其中住庙的三十多人），有地8000余亩，牲畜1万多头（只），出租和放苏鲁克收入很大，因此经济比较富裕。有一次，一个国民党鄂友三部队受伤的军官，跑到庙里治疗，当时因为战乱会看病的喇嘛都不在，这个土匪头子一气之下，在"吉仁巴"坐化"莫日登"佛像的大腿上扎了一刀，放火烧了正殿。

1947年第四世"吉仁巴"劳布生夏达日布呼图克图，在库联的基尔其建起一座9间大的庙，把吉仁巴庙的财产都搬到基尔其，原来的"吉仁巴"就不复存在了。后来在这里创建了药澡堂，在五六十年代曾名噪一时。

关于"吉仁巴"和吉仁巴庙的传说。吉仁巴庙第一世"吉仁巴"活佛名叫劳布生根登，乾隆三年

吉仁巴庙示意图

（1738年）出生在喀尔喀的阿尔泰圣山角拉德力素村，父亲叫戚巴登，母亲叫都丽高娃。劳布生根登七岁入喀尔喀（现乌兰巴托）"甘顶寺"当小喇嘛，后随师父曾哥去西藏拉萨进修深造，37岁得"麻仁布"（医师）称号，并在7000名喇嘛参加的经典辩论会上取得"吉仁巴"称号，蒙古语叫"朱日海"，在数学上有很深的造诣。

其弟力格登，乾隆十五年（1750年）出生，也是"甘顶寺"很有名望的高僧。25岁时，在喀尔喀57个旗7000多名高僧的辩论会上，得了第一名，被授予"格巴其"称号。他兄弟二人潜心研究医学，写了许多医学著作，在医术上有很高的水平，因此在安娜湖草原上名望很高。

乾隆五十二年（1787年），兄弟二人去五台山拜谒文殊菩萨。一天来到乌拉山脚下，正值初冬，见到雪地上有勒勒车碾下的车印和几滴血印，他们看了奇怪，经仔细辩认，认为是人刚刚留下的，于是便跟踪寻觅，在一个山凹中发现一具青年"女尸"，一摸心口还在微微跳动，经检查断定是临产流血过多而休克。经他们针灸、灌药抢救后苏醒过来，他们把自己带的衣服给她穿上，送回她的家中。家里人们见死去的女儿又回来了，以为鬼魂未散，便撒米撒面，在家的喇嘛也诵经念法。经他们说明原因，家人们转悲为喜，高兴地给二位磕头敬茶，不一会儿女儿生下一个男孩。女儿的父亲叫苏和岱，是乌拉山脚下三岔路周围数得上的富户。他为了感谢他们救活女儿，请喇嘛在家诵经21天，并许愿外孙长大后给他们当弟子，他们给外孙起了义布格拉图的名字，后来苏和岱用马把他们送到了五台山。这件事很快在察哈尔草原上流传开来，直至现在仍是人们喜爱听的故事。

嘉庆四年（1799年），皇帝爱妃得了重病，经多少名医诊治不愈，朝廷传谕天下，有名医速报朝廷。苏和岱得知后把劳布生根登兄弟二人报给了朝廷。皇帝派人到五台山把他们请到京城住在白塔寺。起初对他们能否看好病还不相信，第二天派太监进行试验。太监第一次把红线拴在桌腿上，让他俩隔房号脉，结果二人结论一样，认为红线在木制物上。太监第二次把红线拴在哈巴狗脖子上让他们号脉，二人号出了小猫或小狗的脉道。太监们又进行第三次试验，将红线拴在皇妃的手镯上让他们号脉，二人均说皇妃身上出现了玉宝器脉道，皇帝才相信二位喇嘛的医道，请进宫给皇妃诊病、吃药、针灸7天，并让皇妃每天绕白塔108圈，病情逐渐好转。皇帝非常高兴，叫来国师章嘉大呼图克图与他兄弟相会，并设宴款待，赠送黄缎蟒袍、玉带以及绸缎金银等物，封劳布生根登为清廷六十一位世袭呼图克图之一。但是他禀奏皇帝，因为自己年老，不宜受此荣任，请求封其弟，皇帝准奏，封其弟为世袭呼图克图，封劳布生根登为占卜神使者（蒙语朱日海），称"吉仁巴"。后兄弟二人回五台山继续修行三年，到大青山东侧察哈尔草原上准备建庙开展医疗事业。他们走到科布尔北35公里处，看见天空云彩中好像有一只鼠吐下宝珠，又见此处山青水秀，从南往北有一条小溪流过，草木茂盛，六畜兴旺，于是便选定此地建庙。苏和岱听到建庙的消息后，捐献了不少金银财宝和大小牲畜。

"吉仁巴"活佛喇嘛传五世。第一世"吉仁巴"喇嘛劳布生根登于嘉庆十一年（1806年），在吉仁巴庙中去世，庙中的喇嘛们把他的肉身塑成佛像供奉在庙内（"文革"中被毁）。第二世"吉仁巴"叫道尔计，于嘉庆十二年（1807年）在正红旗豪赖村全布拉家出生，同治七年（1868年）在庙中去世，享年62岁。第三世"吉仁巴"叫劳布生叶锡，同治八年（1869年）出生在正红旗，民国十三年（1924年）56岁去世。第四世"吉仁巴"叫劳布生格力格勤，1925年出生在镶红旗十苏木乌兰淖尔巴德玛孟克家，1943年19岁去世。第五世"吉仁巴"叫劳布生明角道尔计，1943年在镶红旗十苏木忽少得力苏村（现库联苏木忽少嘎查）哥喜格宝音家出生。1949年6岁时请回庙里，并请吉格密德高德布为师，教经文。1959年去四子王旗大庙学习经文和科学知识。1960年劳布生明角道尔计还俗，参加了库联民间文艺宣传工作，曾在乌盟文化馆工作。

另一位活佛喇嘛第一世叫呼图克图格布其力格登，道光元年（1821年）71岁在吉仁巴庙去世。第二世和第三世情况不清。第四世呼图克图叫劳布生希达日布，1917年出生在镶红旗十苏木闹木根敖包（现在西水泉行政村）巴仁宝拉格村那木日拉家，5岁请回吉仁巴庙，12岁到四子王旗大庙给普仍来道尔计喇嘛当徒弟，学习研究《救命经》（医学大典），19岁给阿要拉劳布生当徒弟，学习蒙藏医学经文和外科手术，1949年去青海塔尔寺深造，继续学习医学。回来后在基尔其庙开展医疗工作，后任乌盟医院主任医师。

还有一位活佛喇嘛，第一世叫那木吉拉丹巴，出生在镶红旗夏格都尔安本（总管）家。少年时代去过拉萨布达拉宫，得过"拉仁布"

（医学师）称号。回来后在四子王旗大庙当了"文布"喇嘛（管外事的），后当了活佛的老师。第二世活佛喇嘛叫劳布生格力格甲木苏，出生在镶红旗十苏木。第三世活佛喇嘛叫劳布生隆德格，1925年出生在镶红旗十苏木闹木根敖包温督若苏荣家。5岁请回吉仁巴庙，曾在四子王旗大庙学习经文，后当了大庙活佛的老师，还曾担任巴彦陶亥庙（黄羊城哈卜泉庙）的活佛喇嘛。此人曾在内蒙古佛教协会工作，任副秘书长。

### 巴彦陶亥庙

巴彦陶亥庙位于现科布尔镇西北30千米的哈卜泉庙村，也叫哈卜泉庙，原由镶蓝旗七苏木和十苏木管理。这个庙的规模不大，建筑是土砖木混合结构，占地20亩左右。有一座包含30间房的独官以及30余间喇嘛住的宿舍。该庙清朝末期所建。

清末张家口察哈尔都统达若计巴拉，是镶蓝旗七苏木（现七苏木宿尼不浪村）人。据说他有一次回乡路过哈卜泉村，在哈卜泉沟中看到一个倒骑毛驴身穿白衣的妇女，他骑马紧赶也未追上，因此他认为是观音菩萨显灵，决定在此建筑寺庙。

庙建起后，有喇嘛30余人，活佛喇嘛是吉仁巴庙的劳布生隆德格。

美丽的敖包

七苏木和十苏木的牧民都来此布施烧香。1952年这个庙被拆，用其橡檩木料建了基尔其庙。

### 转经召庙

转经召庙，蒙古语叫胡日顶苏目，庙址在现金盆转经召村。据说建于康熙年间。这个庙利用北山流下的水建起一个转动的、十间房屋大、五丈高的六棱木塔，上面绘有彩色佛像和阿弥陀佛经文。这个庙虽然只是一个有20间房的小寺庙，声誉却很大，镶蓝旗十一苏木和十二苏木的蒙汉群众都来此烧香磕头，西藏地区也知道内蒙古有个神奇的转经召。此庙属十二苏木庙宇，经费由十二苏木章盖夏日孟安排。日伪时期停止活动，只留两个喇嘛和一个和尚看庙。1952年，乌兰苏木那日斯太村把庙拆了建了学校，1956年在原址建了一处十千瓦的水电站，从此这个庙就不复存在了。

宗教概况

HUASHUONEIMENGGUchahaeryouyizhongqi

# 宗 教 概 况

ZONGJIAOGAIKUANG

察哈尔右翼中旗境内宗教信仰以佛教、天主教、伊斯兰教、基督教为主。

### 佛教

历史上察右中旗的佛教主要是黄教（喇嘛教）。黄教（喇嘛教）因从西藏传入，也称"藏传佛教"。佛教的活动，主要是在召庙中进行聚会诵经，有《茂拉木》经、《玛尼》经、《马合塔拉》经等。每年农历十月二十五日，各庙均举行悼念佛祖"宗喀巴"的经会。佛教里，活佛位置最高，具有独立行使行政权、司法权的权利。

据史书记载，清代是佛教兴盛时期，当时镶红、镶蓝两旗喇嘛人数几乎占蒙古族人口的三分之一，大小召庙13处。苏木有苏木庙，旗有旗庙。到1950年，镶蓝镶红联合旗仍有庙宇6处，1958年还剩2处，1968年在"文化大革命"中被毁。中华人民共和国成立以后，原来的喇嘛大部分还俗。20世纪50年代末全旗有喇嘛4人，到1990年有2人，

1996年仅有1人，因其年老体弱，由政府拨款供养。

### 伊斯兰教

伊斯兰教1919年随着甘肃、宁夏回族的迁入而传入察右中旗，信奉者多为回族。1921年，大马库联村蔡有龙、肖月才、马生杰、韩贵共同筹建大马库联清真寺，当时只有5间土木结构的平房，有养寺地40多公顷。宗教活动除念经、礼拜、斋戒、课捐和朝觐外，还过开斋节、古尔邦节和圣纪节。1927年，由于土匪骚扰，清真寺停止了宗教活动。1936年散民迁回。1937年，日军入侵华北，大马库联村回族再度搬迁，清真寺宗教活动停止。1947年，伊斯兰教陶林县分会成立，大马库联村将回民小学和清真寺合在一处，同时与归绥城回民区伊斯兰教会组织建立了联系，各种活动又重新开始。1948年，陶林县解放，该寺又

大马库联清真寺

划养寺地40多公顷，并逐渐有了牛羊。1955年，重修清真寺，新盖大殿5间，购置了大批寺内设施。1966年"文化大革命"开始后，清真寺被查封，寺中所藏经文全部被焚，沐浴所用的汤瓶、吊罐全部被毁。阿訇被批斗、抄家，集体礼拜被迫停止，部分信教群众只能在家中祈祷。

党的十一届三中全会后，党和政府落实宗教政策，活动重新恢复，并于1981年、1982年两年由政府拨款修缮了该寺，同时将"香炉"改称为"伊斯兰教教管组"。1984年，中国人民政治协商会议察右中旗委员会成立，时任清真寺阿訇石明月当选为政协常委，回族代表马峰瑞当选为政协委员。从1921年至

今，大马库伦清真寺历任阿訇共有11任。

察右中旗伊斯兰教活动场所位于在科布尔镇大马库联，1995年经察右中旗宗教局批准，总面积有600平方米，建筑面积有200平方米，本地信教群众有1700多人。

## 天主教

清朝末年，境内便有天主教传教活动，但信教者极少。据《内蒙古近代史论丛》（第一辑）记：义和团于1900年8月23日攻占铁圪旦沟教堂，24日攻占乌尔图沟教堂，焚毁了这两个教堂，处死了两名外国传教士。1927年后，随着人口的增长，传教者活动频繁，信教者日益增多。教徒最多时发展到5366人。1996年有教徒4835人，主要分布在

天主教堂

宏盘、乌素图、巴音等6个乡的部分村庄。

"文化大革命"中，天主教聚会停止，教徒不同程度受到批判。1979年后，活动逐渐恢复。随着社会的发展、科学的普及，教徒的思想意识发生了很大的变化，参加活动人数渐少。

察右中旗天主教活动场所现有6处，信教群众有6100多人。宏盘天主教弥撒点位于在察右中旗宏盘乡宏盘村，总面积有300平方米，建筑面积有120平方米；科布尔天主教弥撒点设于科布尔镇，总面积有392.8平方米，建筑面积有376.72平方米；宏盘哈达忽洞天主教弥撒点位于宏盘乡哈达忽洞村，总面积有320平方米，建筑面积有158平方米；

乌素图镇天主教堂位于乌素图镇，总面积有2550平方米，建筑面积有780平方米；广益隆镇麻迷图天主教弥撒点位于广益隆麻迷图镇，总面积有480平方米，建筑面积有230平方米；巴音小堂地天主教弥撒点位于巴音乡小堂地村，总面积有650平方米，建筑面积有350平方米。

### 基督教

基督教又称耶稣教，主要活动内容是读《圣经》、聚会和早晚课。基督教传入察右中旗境内较晚，1948年由外地迁入户传入，主要分布在科布尔镇和金盆乡。20世纪80年代，随着耶稣教活动的恢复，教徒不断增加，到1996年，全旗共有教徒1575人。

察右中旗基督教活动场所现有2

基督教堂

处，信教群众有 2200 多人。基督教
活动点位于在科布尔镇，总面积有
2000 平方米，建筑面积有 1000 平方
米；乌兰苏木金盆基督教活动点位
于乌兰苏木金盆村，总面积有 1500
平方米，建筑面积有 500 平方米。

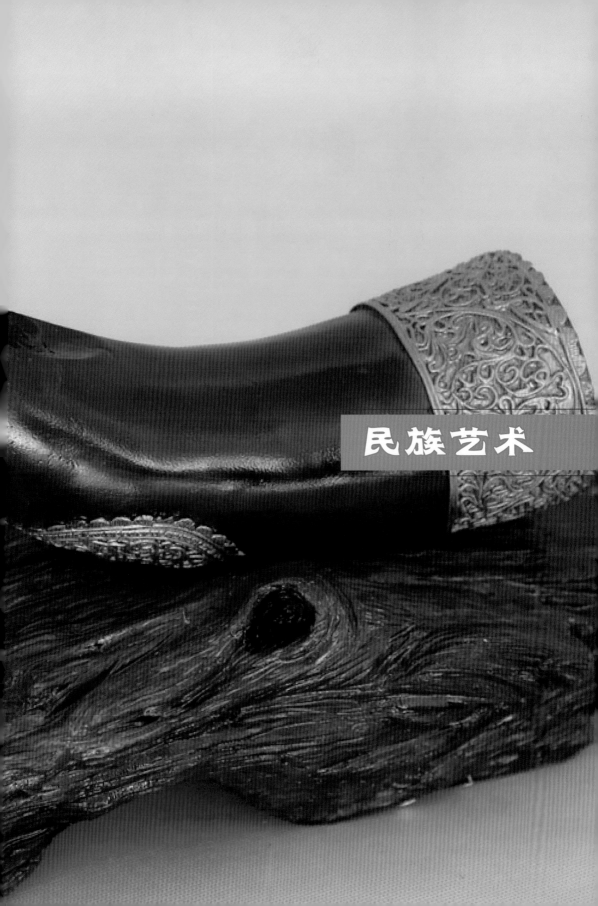

民族艺术

HUASHUONEIMENGGUchahaeryouyizhongqi

# 民 族 艺 术

## MINZUYISHU

察哈尔右翼中旗普遍保存着独特、丰富、古老的传统艺术，它使中华传统艺术保持着绚丽多姿，异彩交辉的灿烂容姿，意义非凡，价重无比。

### 阿斯尔

阿斯尔是对察哈尔草原流传的一种古老音乐的统称，最初属于皇家贵族音乐，是元代盛行的蒙古族宫廷音乐，其中"阿都庆阿斯尔"排在察哈尔八首阿斯尔之首，具有传承历史长、传播范围广、保留完整等特点，反映了察哈尔蒙古族独特的民俗风情，常用于大型庆典活动。

阿斯尔在传播与传承过程中，主要有官方和民间两种途径。官方以王公府邸"乐班"演奏，一代代乐师相传为主要传承关系，民间则以师徒相传为主要传承关系。王府音乐与民间音乐两者相互依存，彼此渗透，并在一定条件下相互转化。阿斯尔作为宴乐形式，既受到民间音乐的影响，也得到王府乐班乐师以至文人雅士的青睐。另外，王府乐班的乐师们，大多数是来自于民间技艺高超的演奏家和艺人。他们在演奏阿斯尔的实践中，也参与了加工和丰富阿斯尔的创作活动，使其在长期的传播与传承过程中，具有了王府音乐与民间音乐的双重特征。

清初以来，随着察哈尔地区盟旗制度的建立，察哈尔各旗时常举行规模较大的宴会、那达慕等活动。

阿斯尔乐曲

察哈尔传统乐器

民间的各种风俗活动及寺庙僧侣的佛事也从未间断过。在察哈尔镶红旗和镶蓝旗草原上，阿斯尔作为本地区重要的艺术形式，在本地区文化艺术的传播中发挥着重要作用。换言之，察哈尔地区广泛的社会民俗事项需要阿斯尔乐曲，而阿斯尔乐曲也通过社会民俗事项得到广泛传播，在民众中得到普及，从而形成了良性互动的关系。

"阿斯尔"是草原丝竹乐的主要代表，属于纯器乐宴曲曲牌。通常由蒙古族传统的弓弦乐器、弹拨乐器和吹管乐器组合演奏，主要使用的乐器有：伊奇里——马头琴、胡尔——四胡、雅托噶——蒙古筝、弦吉——三弦、林比——笛子。也

见于独奏、哼唱、口哨等不同的表演形式。

"阿斯尔"在蒙古语中的含义有两种说法。一是在蒙古语中，有像"阿苏立·腾格里""阿苏如·伊赫""阿斯尔·伊赫·温都尔"这样的敬语。与此相关，在古代宫廷音乐中也有几种"阿斯林·温都尔"，均有"崇高""极大"之意。二是人们把古代蒙古可汗、贵族、活佛居住的房屋称做"敖日登·哈日喜"（宫殿）或"阿斯尔·塔克塔"（楼阁），因而把在他们宫殿中首先演奏的一部分音乐便称做"阿斯林·温都尔""阿斯尔"，把奏乐称之为"阿斯尔得那"。据有关文献记载，"阿斯尔"最早可以追溯到成吉思汗西征时期，早期题材主要包括对成吉思汗和蒙古铁骑的赞颂，曲目有《大汗阿斯尔》《锦绣阿斯尔》等。

"阿斯尔"是元代盛行的蒙古族宫廷音乐，与西方交响乐类似，可以说是蒙古族交响乐，是蒙古族主流正统文化的代表。演出时，演员身着蒙古族的盛装，乐器主要用马头琴、四胡、扬琴、笛子等，并在其中穿插呼麦等蒙古族特有的唱法。

## 蒙古族刺绣

刺绣，蒙古语叫"嗒塔戈玛拉"。蒙古族刺绣同众多传统手工艺一样，

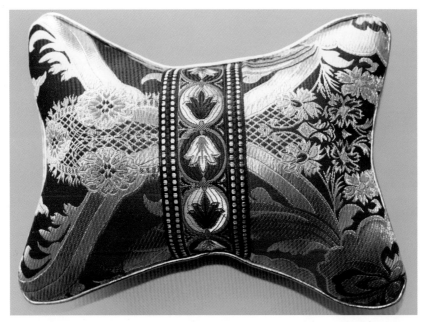

蒙古族刺绣

是蒙古族人民在长期生产生活中形成的一种手工技艺，在中华民族悠远的记忆中留下了深刻的烙印。

蒙古族服饰刺绣，主要运用帽子、头饰、衣领、袖口、袍服边饰、长短坎肩、靴子、鞋、摔跤服、赛马服、荷包、褡裢等处，刺绣的图案都含有一种潜在的象征意义，通过不同题材的造型表现，运用了比喻、夸张的手法寓情于艺术，如变化多样的盘长图案，在与卷草纹等不同图案的结合，象征吉祥、团结祝福：犄纹，代表五畜兴旺；蝙蝠，象征福寿吉祥；回纹，象征坚强；云纹，

有吉祥如意的含义；鱼纹，象征自由；虎、狮、鹰象征英雄；杏花象征爱情、石榴寓意多子；寿、喜、梅代表美好的祝福。

蒙古族服饰刺绣，明快响亮而质朴无华的色彩，强调颜色由淡到深的色彩推移。图案在形式上也具有浓厚的装饰性，体现了图案与颜

蒙古族刺绣

色协调、统一，同时融汇着蒙古人民对自由、和谐、幸福的无限渴望，形成装饰与实用完美结合的艺术形态。蒙古族服饰刺绣的表现方法有：夸张、对比、象征、添加，人们用彩色的丝线、棉线、驼绒线、牛筋在各种绸布、皮革上根据不同的用途，进行各种精美图案的刺绣。刺绣工艺大体分绣花、补花、盘花、抠花还有混合绣等，绣制成精制的纹样装饰在服饰任意部位，使蒙古族服饰、刺绣完美地融合为一体。

蒙古族服饰刺绣艺术，以独特的艺术形式，展现蒙古族妇女精湛的技艺和蒙古族服饰的无穷魅力，那些充满浓厚蒙古族文化内涵的艺术宝藏，吸引着后人不断地去探知、去感受蒙古人民的精神境界。察右中旗蒙古族服饰和艺术品代表人物娜仁图雅，工艺品有汽车枕头、手包、单双肩包等。

### 剪纸漫画

剪纸是一种镂空艺术，其在视觉上给人以透空的感觉和艺术享受。其载体可以是纸张、金银箔、树皮、

树叶、布、皮、革等片状材料。剪纸，顾名思义就是用剪刀将纸剪成各种各样的图案，如窗花、门笺、墙花、顶棚花、灯花等。剪纸是历史悠久、流传很广的一种民间艺术形式。这种民俗艺术的产生和流传与中国民间的节日风俗有着密切关系，逢年过节抑或新婚喜庆，人们把美丽鲜艳的剪纸贴在雪白的窗纸或明亮的玻璃窗上、墙上、门上、灯笼上，节日的气氛便被渲染得非常浓郁喜庆。剪纸的内容很多，寓意很广：祥和的图案企望吉祥避邪，娃娃、

葫芦、莲花等图案象征多子多福，家禽家畜和瓜果鱼虫等因与农民生活息息相关，也是剪纸表现的重要内容。随着时代发展，剪纸有了更多的表现形式。察右中旗的剪纸代表人物为陈宁波，他将剪纸和漫画有机融合，使剪纸有了新的生命力。他的主要作品有《动物寓言故事》剪纸集。

### 蛋雕

蛋雕，在飞禽类蛋壳上刻琢成画，融合了绘画与雕刻，以浮雕、阴雕、阳雕、透雕、镂空等雕刻手法体现出绘画效果，是近年逐渐兴盛起来的一种民间手工艺品。蛋雕工艺有多种，一种是用雕刀在表面颜色较深的蛋壳上雕刻出各种人物、山水、花鸟等图案，另一种是选用质地较厚的蛋壳作为材料，以浅浮雕或镂空的手法进行雕刻，还有一种是将上述两种方法结合在一起完成的作品。

察右中旗蛋雕以浮雕为主，代表人物罗永生，2007年开始从事蛋雕艺术，其作品在在乌兰察布市民间艺术作品展中获一等奖，2008年北京残奥会"祥云小屋"展出，并获得残奥会荣誉证书，被旗委、旗政府授予"察右中旗首届自强不息道德模范"，主要作品有"福娃迎奥运""福牛乐乐迎残奥""嫦娥奔月""春夏秋冬""牡丹富贵图""祖国河山"等上百件。

蛋雕十二生肖

功勋人物

HUASHUONEIMENGGUchahaeryouyizhongqi

# 功 勋 人 物

## GONGXUNRENWU

察哈尔右翼中旗历史悠久，人杰地灵，这里曾经见证了中国共产党和中国人民抗日战争的历程，也涌现出一大批为抗日战争作出卓越贡献的功勋人物。

### 武策劳

武策劳（1980—1962年）原名武此乌、武此老，男，蒙古族，原察哈尔镶蓝旗巴日嘎斯太人（现乌兰苏木巴日嘎查）。1938年参加抗日救国会，1939年初，带领动委会人员秘密动员巴日嘎斯太村有枪支的蒙古族牧民捐献枪支弹药，缓解了当时抗日游击队武器弹药紧张的局面。是年夏，中共地下党组织通过关系，用现大洋为武策劳捐到了国民党巴日嘎斯太乡乡长职务，以此公开身份刺探情报，掩护八路军、县区游击队。中共绥中地委成立，武策劳的家成了中共绥中地委经常召开会议和活动、居住的地方。是年秋的一天，日伪军包围了灯笼素村，当时，绥察行政公署副主任杨植霖正在他家，处境十分危险，武策劳夫妇急中生智，将杨植霖藏在羊毛堆里以伪乡长的身份，巧妙进行周旋，使杨植霖顺利脱险。1943年，中央通知白如冰回延安学习，并为中央首长买些牙膏、毛巾、布匹、药品、分省地图等物品带回，高鸿淼找武策劳，要他在六七天内将上述物品购买齐备，武策劳找了几位可靠的乡亲奔赴归绥、张家口、太原等地如期购买备齐，装了满满三牛车，由八路军战士护送上路。1947年春季的一天，邻乡乡公所派人送来一封绝密信，命令巴日嘎斯太乡火速将信送交驻扎在转经召村的国民党鄂友三部，武策劳觉得此信关系重大，于是将信拆开，原来这是国民党三十五师暂编第十师给骑兵师鄂友三的密信，密谋合围消灭解放军大青山支队骑兵团红马连、白马连。获密后武策劳一面差人送信，一面转告驻在巴日嘎斯太的红、白马连及时转移，最终使敌人的阴谋落空。武策劳还协助八路军游击队劝降国民党残部 700 余人。1951 年，武策劳光荣地出席了全国老区人民代表大会，并列席了全国政协一届三次会议，受到毛泽东、刘少奇等党和国家领导人的接见。毛泽东还将其原名改为武策劳，并亲笔为他写在出席证上。中华人民共和国成立后，武策劳历任察汉哈达乡乡长、金盆公社管委会主任等职。1963 年 4 月病逝，享年 55 岁。

## 武香牛

武香牛（1898—1963 年），蒙文名武吉也德·力格津香牛，蒙古族，镶蓝旗十一苏木那日斯太嘎查人（今察右中旗乌兰哈页苏木）。小学毕业后，便参加了当地自发组织的自卫队，当了队长，他带领自卫队员打土匪、保家乡，很快闻名四方。1938 年底，武香牛深明民族大义，毅然接受中共抗日主张，将自卫队变成抗日救国队伍，他还当上了八路军的联络员。为了让他发挥更大作用，中共党组织通过上层内部关系为武香牛捐了个镶蓝旗十二苏木章盖之职。他多次打入日伪内部为八路军购买了大量药品、布匹、枪支弹药。通过关系为中共地下领导人办理发放良民证、通行证。他的家乡成了八路军领导干部常来常往的隐蔽点。1945 年 9 月，遵照中共党组织指示，武香牛组织蒙古族青

年建立起一支有 20 多人参加的地方武装队伍，武香牛任大队长，他们在灰腾梁一带，配合八路军开展游击战。1950 年，中央慰问团慰问了武香牛一家，为他家挂了"发扬革命传统，争取更大光荣"的牌匾，颁发了纪念章和慰问品。1959 年，武香牛赴北京参加了国庆观礼，受到了毛泽东等党和国家领导人的接见，并合影留念。中华人民共和国成立后，武香牛曾担任过老区建设委员会主任、旗人民委员会委员、盟政协委员、旗人民法院陪审员等职。1963 年，武香牛病逝，享年 65 岁。

## 甫·那音太

甫·那音太（1909—1949 年），男，蒙古族，察右中旗乌兰哈页苏木那日斯太嘎查人。1936 年毕业于北京蒙藏学校。在校时参加过"一二·九"学生运动，接受了反帝爱国思想。回乡后任镶蓝旗完小校长，经常宣传抗日救国思想。1938 年，他同十一苏木的武香牛到苏勒图窖子村拜见了大青山抗日支队领导李井泉和姚喆，要求投身抗日斗争。从此他成了八路军在灰腾梁地区开辟抗日根据地的重要依靠对象，他家成了八路军领导和工作人员的联络点、掩蔽点，他组织支持八路军大批的牛羊肉、奶制品、棉衣皮衣，还捐献自家马匹 60 余匹，为八路军购买

子弹数千发。1940年他将负了伤的张达志政委安排到他独贵沟的妹妹家护理，直到痊愈归队。1949年，甫·那音太因病去世，享年40岁。1952年，中共慰问团授予他家"光荣人家"称号，颁发了贡献户证书和纪念章。

### 穆其昌

穆其昌，男，汉族，中共党员。1939年冬，在陶林县城科布尔镇同进步医生李华峰合资开办了一所"同春"医院。这个临街医院，外间看病卖药，里间是穆其昌的卧室，也是中共陶林县委的秘密联络点、抗日救国会的办公室、八路军给养的供应转运站。

医院开业后，每天都接诊不少患者，在来医院的人中，有真来看病就医的，也有日伪密探侦察的、有汉奸伪军欺诈的，这些穆其昌都应付如常，有时即使受点委屈也能忍受。在医院的里间，经常接待中共秘密交通员，传递情报、传达上级党组织的指示。夜间，除穆其昌本人外，常有4人围在桌旁打麻将，遇有生人就装作玩牌，无人时便开会。屋里还摆着一盏大烟灯，烟枪、烟具齐全，有生人时，就躺下装吸烟，无人时就开会。用这种方法迷惑日伪人员，保护八路军地下工作人员开展抗日工作。

1941年9月，穆其昌去北京进药途中被捕，牺牲在集宁日本宪兵队刑讯室里。

### 李二艮

李二艮（1902—1941年），男，汉族，黄羊城镇草帽山村人，中共党员，1938年投身抗日斗争，他凭人熟地熟人缘好的有利条件，不分昼夜深入群众，宣传抗日。1939年，秘密动员组织起10多人参加的游击小队，为八路军送情报、征收税、筹集资金和物资。1940年夏，在叛徒带领下，40余名日军和100余名伪军组成剿杀李二艮队伍，直奔李二艮家。由于得到情报，李二艮一家及时转移，日伪军没有抓到人，就放火烧了房子，李二艮没有被敌人的凶狠吓倒，而是更坚决地投身到抗日斗争中。他查找并亲手除掉了两个死心塌地的汉奸，打击了日伪的嚣张气焰。1941年，李二艮和战友陈荣跃二人在东路沟一带开展减租减息时，由于汉奸告密，在甲吉儿沟被专程来捉他的日伪军抓捕。被捕后受尽严刑拷打，但他没有动摇和屈服，没有透露半点情报。敌人毫无办法，是年12月，集宁日本宪兵队将他杀害，李二艮死时年仅37岁。

### 谭成宽

谭成宽，男，汉族，察右中旗

大滩乡人，出生在一个大户人家。1938年秋，大青山抗日支队司令员李井泉向其宣传中共抗日主张，向他提出支持抗日、帮助解决缺粮困难的请求。谭成宽听说八路军是来抗日的，愿为抗日做出贡献。第二天，他打开粮仓和油房，一次性为部队送去粮食470余石（2万余公斤）、食油160余石（1万余公斤）、马料豌豆33石（1千余公斤）。从1938—1942年间，谭成宽除了提供了大量的粮油外，还支持部队战马63匹，皮衣300余套，白酒9千余公斤等。他还利用阜丰乡乡长的身份，为部队购买了大量的布匹、药品、食盐等物资。李井泉、姚喆、任建斌、杨植霖等领导成了谭成宽的朋友，经常在他家吃住。1938年和1939年的两个春节杨植霖均在他家居住过年。谭成宽曾两次被捕入狱。1941年秋，谭成宽得知大滩伪警察王英吉不想当警察，要卖枪，便花200元钱将枪和50发子弹买下，交给武达平。此事让特务得知告密，将他抓起来逼问枪支下落。他被打得死去活来，又灌了辣椒水，但他始终没有承认，最终因没有证据而被释放。1942年2月，谭成宽赶着大车给驻扎在旗下营的八路军送面、肉、皮毛等物，途中被日伪军捉住押到武川，投进监狱。在狱中，他遭受了皮鞭抽、火棍烫等各种酷刑，双脚还带着18斤重的铁镣。1年零4个月后，才被中共地下党组织和亲友营救出来。此间，日伪军将他家100余间房屋全部烧毁。家产被抢掠一空。1942年夏，日军大扫荡前，中共党组织为了保证谭成宽的人身安全，姚喆司令员派人将他送往人烟稀少的后草地隐蔽，直到1945年秋才返回家乡。中华人民共和国成立后，谭成宽当选为乌兰察布盟政协委员，1984年因病去世。

革命遗址

HUASHUONEIMENGGUchahaeryouyizhongqi

# 革 命 遗 址

## GEMINGYIZHI

　　察哈尔右翼中旗巴日嘎斯太曾经是中共领导的大青山抗日革命根据地的重要组成部分，是中共绥中地委所在的核心地区，作为抗日革命根据地为革命胜利作出了特殊贡献。

### 中共绥中地委
### 旧址——巴日嘎斯太

　　巴日嘎斯太具有光荣的革命斗争历史，是典型的革命老区。从清朝天聪年间到抗日战争的三百年间，巴日嘎斯太蒙古族这支察哈尔蒙古族旗人和他们的后裔，在捍卫祖国统一，维护民族独立方面，曾经付出过血的代价。在鸦片战争、反对八国联军入侵、抗击沙俄入侵中，他们继承祖先的戎马精神，积极应征入伍，保卫边关，驱逐外敌，血洒疆场。在抗日战争中，同样作出了重大贡献。

　　巴日嘎斯太曾经是中共领导的大青山抗日革命根据地的重要组成部分，是中共绥中地委所在的核心地区，作为抗日革命根据地，为革命胜利作出了特

殊贡献。境内革命武装力量主要有八路军120师的派遣支队，李井泉率领的武装支队，杨植霖、贾力更领导的蒙汉抗日支队。

　　抗日战争爆发后的1938年5月14日，毛泽东电示朱德、彭德怀、贺龙、关向应、肖克等人，指出"在平绥路以北沿大青山脉建立游击根

绥中地委革命陈列馆

据地甚关重要，请你们迅即考虑此事"。接着又数次发电报指示，强调绥蒙地区战略地位的重要性，并

中共绥中地委旧址纪念碑

就具体策略和工作方法提出具体要求。根据中央指示，八路军120师决定派遣部队进入大青山。抗日游击第四支队于1938年7月末由山西可岚、五寨出发，经朔县、右玉、平鲁，到达凉城。又从旗下营越过京包铁路线，沿下高台、上高台等地，于9月初到达大青山腹地大滩（今大滩乡）一带，拉开了大青山抗日革命游击战争的序幕。党中央从延安派来了工作组和李井泉率领的武装支队，他们与绥远省党组织和杨植霖、贾力更领导的蒙汉抗日支队取得了联系，成立了党在绥南、绥西、绥中的地委组织。

1938年秋季，大青山支队、总动委会、四支队进入大青山后，首先落脚于绥中的中心地区大滩一带，

夜袭陶林县城，揭开了大青山抗日游击战争的序幕，绥中游击根据地由此开创起来。

1939年秋，陶林县动委会成立后，深入各地积极发动群众，建立根据地。同年冬，县动委会决定首先开辟陶山、陶武两个区。1936年察哈尔右翼四旗划归绥远省管辖，察哈尔右翼四旗又称绥东四旗。抗战开始后，南部归绥南地委领导，北部归绥中地委领导。绥南地委的活动以蛮汗山为中心，绥中地委的活动以镶蓝旗和陶林地区（大滩一带）为中心，地委机关于1940年在巴日嘎斯太下营子的道赫楞沟设立地委机关。

绥中地委成立后一直处在游击作战的工作状态，地委机关随人走。

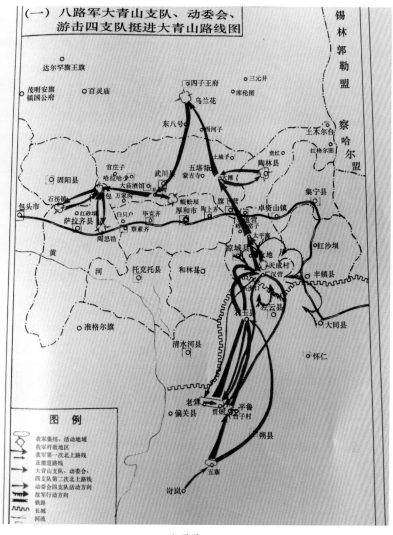

行军图

由于人员主要活动在以巴日嘎斯太的上营子、下营子、董家湾、米家湾为中心的周边地区，所以，地委机关也主要在这一地区活动。之后，地委又在这里建立了被服厂、军械修配厂、印刷厂。

1941年3月，绥中地委在巴日嘎斯太成立了"蒙民抗日工作小组"，

这是在中国共产党领导之下成立的第一个红色革命组织——蒙古族抗日组织。

1942年，在巴日嘎斯太的小梅力图石洞内建立了绥中地委被服厂兼军械修配厂。三台缝纫机和30多名干部职工生产的服装、子弹袋、毡毛用品满足了大青山支队和地委

同志们的需要。在巴日嘎斯太的石片沟建立的印刷厂，印刷抗日宣传资料和地委文件。

　　1941年春，武三班德舍身掩护贾长明，1942年武策劳智救杨植霖。在绥中地委抗日斗争时期，巴日嘎斯太涌现出了一批抗日积极分子，他们为抗日根据地的建立做出了不可磨灭的历史贡献。他们是巴日嘎斯太的武策劳、韩布布、肖赫劳、武三班德、毕力贡达赖、阿木楞嘎、朝更达赖、吉仁太、夏维华、王艮万、和董家湾的董天才、董长在，那日嘎斯太的甫·那音太、武香牛、云而还、格娃那日布、乌生格，米家湾的米老八、米全才。

　　由于巴日嘎斯太革命根据地在抗日战争期间的突出贡献，1950年，中央派遣慰问团来慰问老区人民，

巴日嘎斯太被确定为一级革命根据地，甫·那音太、武策劳、韩布布等人被确定为"为革命作出突出贡献的贡献户"。1951年，武策劳以绥远省革命老区代表身份参加了全国老区代表会议，并列席了全国政协会议，受到了毛泽东、刘少奇、周恩来、董必武等中央领导的接见。2016年6月17日，旗委、旗政府在此建"中共绥中地委革命旧址纪念碑"和"功勋纪念碑"，并将此作为察哈尔右翼中旗爱国主义教育基地。

### 八路军供给处——白石头沟

　　白石头沟革命遗址，位于广益隆镇后卜子村北0.5千米处，三面环山，背靠白石头山，东为东山，西为西坡，南有一泉水沟和一条山间小道，地形为北高南低，沟谷纵横。

八路军战地医院

遗址为民间住房，面积120平方米。1985年8月，当地农民曾在此处挖出民国20年出版的纸钞，票面印有"西北农民银行""壹元"的字样。

## 八路军被服厂——梅力图石洞

梅力图位于乌兰哈页苏木巴日嘎斯台村东北约3千米，西约0.5千米是大北沟村，地形是三面环山，北靠北山，东为大梅力图梁，南为龙虎山，东南面为树林．正南有一条季节性河槽。遗址地处半山腰，北高南低，十分隐蔽，暴露地表为

一天然石洞，坐北朝南，抗日战争时期石洞里有3台缝纫机，是绥中专属的被服厂遗址。

## 窑子村革命遗址

窑子村位于乌兰哈页苏木正西5千米处，南面有察哈尔右翼中旗—呼和浩特公路，交通方便。遗址处在靠山面河的地带，北约2千米的后沟山，南约1千米有一条季节性河流，东西比较开阔。抗日战争时期，八路军大青山支队首长李井泉、姚喆曾在这里开展工作，建立"堡垒户"，指挥对日伪作战。

1941年，曾遭日军三次洗劫，有18名村民牺牲在日军的血腥屠杀中。

## 白彦脑包革命旧址

白彦脑包革命旧址位于察哈尔右翼中旗广益隆镇乌尔图不浪行政

修配军械

村白彦脑包村西约1.5千米处，面积15平方米，据当地老乡讲，这里曾是抗日战争时的交通站，大集体时小土房的墙基还在。

### 大地沟革命烈士殉难地

大地沟革命烈士殉难地位于察哈尔右翼中旗乌兰苏木阳湾子行政村大地沟村南约200米处的沟沿上，为日寇枪杀九名革命志士的地点。抗日战争时期，这里为革命志士经常活动的后方，这里的老百姓经常为游击队提供援助。由于叛徒的出卖，当地的郝大驹、郝三驹、杨满仓、梁有福等七名志士和河北的两个货郎在这里被日寇杀害。

### 五间窑革命遗址

五间窑革命遗址位于察哈尔右翼中旗黄羊城镇勿兰岱行政村五间窑村中，全部为石片所砌。抗日战争时期，为高鸿淼、陈枫涛、宋克缵等革命同志打游击的联络站。由于叛徒出卖，该联络点被日寇烧毁。中华人民共和国成立后"大集体"时期又重新维修成饲养院。现被一村民买下。

### 小纳令沟革命遗址

小纳令沟革命遗址位于察哈尔右翼中旗大滩乡二合义行政村小纳令沟村中。据当地一老者回忆，这里在抗日战争时曾是高鸿淼等打游击的地方。在2007年7月，这里曾出土一黑瓷罐，里面藏着胶卷和小玻璃瓶，瓶内有白色粉末，可能为显影和定影粉。

### 小塔寺革命旧址

小塔寺革命旧址位于察哈尔右翼中旗乌兰苏木小塔寺村西约25千米的一个深山沟里。地处北部天山的半山腰中，为纵向排列的三个房址，为2x3米的就地取石片垒砌。现在三个住址墙的残高为0.9—1.3米，均无盖顶，这里地形隐蔽。该遗址为抗日战争时期高鸿淼、黄厚等打游击的根据地。

发展优势

HUASHUONEIMENGGUchahaeryouyizhongqi

# 发 展 优 势
## F A Z H A N Y O U S H I

　　察哈尔右翼中旗区位优势独特，自古为连接中原地区和西北地区的重要商道，现为环渤海经济圈、呼包鄂结合部的重要辐射区，也是乌兰察布、大同市和张家口（乌大张）经济协作的重要功能区。

### 区位优势独特

　　察右中旗位于内蒙古乌兰察布市中部，自古为连接中原地区和西北地区的重要商道，现为环渤海经济圈、呼包鄂结合部的重要辐射区，也是乌兰察布、大同市和张家口（乌大张）经济协作的重要功能区。察

　　右中旗境内交通便利，全旗公路总里程达到1234.8千米。京（北京）—新（新疆）高速、呼（呼和浩特）—满（满洲里）省际通道全线贯通后，察右中旗距北京乘汽车仅需3.5小时，距呼和浩特乘汽车需45分钟。北京至呼和浩特高速铁路建成后，

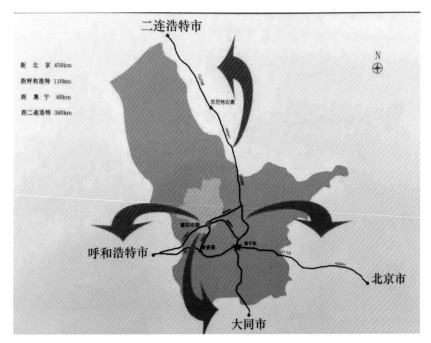

北京至乌兰察布市乘火车仅需70分钟，察右中旗距乌兰察布市支线机场58千米，距呼和浩特机场90千米，距旗下营火车站45千米，距土牧台火车站80千米。顺畅多元的交通枢纽为投资合作、经济发展打通了"经脉"。

### 自然资源丰富

察右中旗属中温带季风大陆气候，年最高气温34.1度，最低气温零下34.4度。年均日照时数3010.9小时。境内气候独特，昼夜温差大，光照强，具有发展绿色食品、药品的天然条件。全旗土地面积为419020公顷，在总土地面积中，有耕地面积87584.83公顷，占总面积的20.9%；林地（包括疏林地、未成林地、苗圃）42068.58公顷，占总面积的10.04%；草地265917.51公顷，占总面积的63.46%；城乡居民建筑用地（含办公用、公共用和居住用）8185.04公顷，占总面积的1.95%，能够满足各类建设用地需求；交通道路占地3408.5公顷，占总面积的0.81%；水域面积4912公顷，占总面积1.17%；难利用土地6943.54公顷，占总面积的1.66%。

旗境多年平均降水量为12.945亿立方米，多年平均地表水资源量为0.83亿立方米，占年降水量的6.38%，地表水资源总量为0.8521亿立方米，水资源总量为1.2788亿立方米。

境内主要河流有13条，分属于外流河黄河、内陆黄旗海和翁公诺尔3个水系。流域总面积4747.63平方千米，每年平均水产量0.8197亿立方米。

境内湖泊较多，尤其在灰腾梁上天然小湖泊星罗棋布，素有

G7 高速公路

候鸟

"九十九泉"之称。其中较大的有25个,总面积3.16平方千米,靠地下泉或地表径流补充水源,天旱水浅面积缩小,雨涝水深面积扩大,水的PH值均在8—8.5以上。

境内地下水绝大部分是降水入渗补给。多年平均综合补给量约2.45亿立方米,可采储量9925万立方米,已开采量3503.11万立方米。地下水位最高0.5米,最低150米。其水质良好,宜于饮用和灌溉。大部分地区矿化度小于1克/升。总储量约7.25亿立方米,其中沃水6.72亿立方米,承压水0.56亿立方米。

受气候和地形条件影响,前大滩地下水资源较后大滩丰富。库伦苏木除丁计河流域一带有较丰富的地下水外,其余地区均因降水少、储量低而缺水。前大滩科布尔镇周围地下水丰富,尤以大海滩一带为

最,因补给强烈且开采量小,地下水溢出地表,形成沼泽。承压水的分布较为普遍,但储量很小,只有乌素图、范家房、科布尔北部等少数几个地区较丰富,且深、中、浅程度各异。

乌兰哈页、金盆地区有较丰富的山泉水,因利用少,大部分泄到境外,每年泄到境外的泉水达0.12亿立方米。

旗境天然草场面积213333公顷,人工草场面积98667公顷,截至2007年末,全旗累计退耕种草种树

东山生态公园

见效面积 60000 公顷。天然草场有辉腾锡勒高山草甸草场，种类有小叶锦鸡、克氏针茅、地榆、寸草、早熟禾、芨芨草等。植被厚度为 20%—40%。每公顷可产食鲜草为 4730 公斤。人工草场主要有柠条、沙打旺、苜蓿、草木樨等，都是多年生优质豆科牧草，其蛋白质含量高、营养丰富、适口性好，是草食动物的优质饲草，每公顷年产干草 4500 公斤左右。草类型的多样化，为发展畜牧业奠定了坚实的基础。

境内野生植物较为丰富，种类繁多。

杂草群落有绣绒菊、羊草、贝加尔针茅、苔草、线叶菊、铁杆蒿、火绒草、知母、木氏针茅、麻黄、百里香、多叶棘豆、克氏针茅、冰草、

赤麻鸭

样，农业设施先进，距科布尔镇55千米的后大滩设置有农业种植区，土壤有机质高，透气性好，气候冷凉，病虫害发生较少，空气、土壤、水源均无污染和农药残留，非常适宜建设蔬菜基地和种植中草药材等。

农畜产品资源初具规模。马铃薯种植面积50多万亩，年产量达到8亿斤，（红）胡萝卜种植面积8万亩，年产量6亿斤。察右中旗的红萝卜产业被国家质检总局认定为地理标识产品，在国家工商局注册地理商标，被农业部认定为A级绿色食品。

冷蒿、野菊花、唐松草、柴胡、早熟禾、菝葜草、马蔺、萎陵草、车前子、蒲公英、金戴戴、盐蓬、白刺、水艾、柠条、甘草、苍耳、沙蓬、猫尾、狗尾草、赤芍、大黄、狼毒、黄芩、黄芪、马齿苋、防风、山萝卜等。

天然乔木有白桦、山杨、云杉等。

灌木和小乔木有胡枝子、虎榛子、山樱桃、山杏、山楂、山柳等。

境内主要野生动物有兽、禽、虫三类，遍布全旗各地。

兽类有狼、狐狸、黄羊、鼠、野兔等。

禽类有石鸡、半翅、云雀、红嘴山鸦、乌鸦、百灵、红脖儿、红雀、啄木鸟、画眉、苍鹰、鹞、野鸽、麻雀、沙鸡、燕子、鸿雁等。

虫类有蜜蜂、蚂蚱、蠓、虻、蚯蚓、青蛙、马蜂、蛐蜓、蜈蚣、斑蝥、蚂蚁、蝴蝶、蛇、甲虫、萤火虫、蜥蜴等。

全旗水资源丰富，土壤类型多

葵花

褐铁矿　　脉金矿石　　钾长石

脉金矿石

采的特点。已经初步探明矿物主要矿产有金、银、铝土、钢、锌、铁、煤、石棉、水晶、莹石、蛭石、海泡石、石灰石、钾长石、石英矿砂、硅石等30余种，极具开发价值。其中境内脉金资源矿区面积7平方公里，储量299万吨，金属量8675千克。铁矿预计储量10亿吨以上，铜矿探明矿石储量356万吨，铜金属量10762吨，金金属量828.8千克，银金属量10538千克。石灰石矿储量3亿吨，煤矿勘测面积27.2平方公里，储量约7600万吨，预计可达1.5亿吨。莹石矿区面积0.281平方公里，储量8.66千吨。石英石矿区面积1.2平方公里，储量9.9千吨。花岗岩、辉绿岩储量8600万立方米，预计达2亿立方米。

### 风力资源潜力巨大

察右中旗地处西伯利亚冷高压和蒙古气旋向内地的主风道上，是内蒙古乃至全国的风能富集区，是内蒙古风力发电的摇篮。旗境风能资源丰富，风力强，风质好，而且大风日数多。大风尽管是农牧业生产的大敌，却又是取之不尽的能源。10米高度年平均风速为7.2米/秒，70米高度年平均风速为8.8米/秒，有效风时达7300小时，空气密度为1.08千克/立方米，等效风时约2500小时，全旗风能资源总储量

旗年出栏商品肉羊100万只、生猪5万口，家畜饲养量175万头（只）。

境内矿产资源具有种类多、储量大、品位高、分布集中、易于开

风力发电

1000万千瓦，技术可开发储量753万千瓦。风能资源具有有效风时多、稳定度大、持续性高、风能品质高、场地面积大等特点，是理想的风电场区域，具备建设国家重要能源基地、新能源示范基地的优势条件。察右中旗光能资源丰富，大气透光性好，光照时间长，太阳辐射强度大。年日照时数为3014小时，等效利用光时数为1400小时，历年平均日照百分率为70%，年辐射总量为1614kWh/平方米，光照充足，光能潜力较大。属全国高值地区之一，是发展光伏产业的理想之地。同时，土地资源丰富，全旗现有未利用荒山荒坡300万亩，发展太阳能光伏发电具有良好的基础。

### 旅游资源前景广阔

辉腾锡勒是世界上同纬度地区保存最完好的高山草甸草原，景区面积600平方公里，平均海拔2100多米，以其辽阔的草原风光、奇特的沟容风貌、斑驳的历史古迹和雄伟的风电景观。核心景点黄花沟，曲径通幽，清水蜿蜒，山势险峻，被誉为"北方九寨沟"。

### 能源要素充足

旗政府所在地科布尔镇现有一处日供水4000吨的自来水厂，在产业园区建成供水1400万吨的配水站，并满足年供水977万立方米的隆盛水库保障项目用水需求。察右中旗境内水质优良、完全符合国家饮用水标准。全旗建有220千伏变

电站、110千伏变电站和35千伏变电站共11座，年供电达到4亿多度。水、电供应充足，价格合理。居民用水2.70元/吨、工业企业用水3.5元/吨；居民照明电价0.42元/度，10千伏工业用电0.487元/度。

### 发展环境优良

旗政府所在地科布尔镇按照"一河、两湖、三公园、六（广）场和四大功能区"的总体思路布局，城区面积达到13.5平方千米，生产生活设施完善，宜居、宜业、宜游。

以承载机械制造、大型装备配套加工、农畜产品和绿色食品加工等产业为主，拥有占地32.6平方千米的装备制造产业园区；以承载矿产品精深加工、建材加工、氯碱化工、氟化工等产业为主，拥有占地30.8平方公里的重化工产业园区；拥有农畜产品加工流通为主的占地2.7平方千米的物流园区；实现了"五通一平"，配套基础设施齐全，要素集聚和承载功能不断增强。

### 绿色能源支柱产业蓬勃发展

察右中旗风能资源开发利用起步于20世纪80年代，最初是给偏远山区的农牧民上百瓦小风机。1994年3月—1995年2月，内蒙古

太重（察右中旗）新能源实业有限公司

风电场日出

电力公司首家在辉腾锡勒1#风电场安装了14座测风塔开始测风，并测得了可靠数据，证实了该风电场风力资源丰富，项目经济效益显著。1996年—2004年底，该公司共安装94台风电机组，装机容量达6.85万千瓦，时居全国第二。2005年底，随着国家新能源法规的出台，国家发改委一批风电特许权项目开始实施，京能、华电、北方龙源、中广核几大风电公司先后落户，察右中旗风电发展步入了快车道。近年来，察右中旗认真实施市委、市政府"打造空中三峡，建设风电之都"的战略，积极招商引资，风电产业更是突飞猛进。2016年，全旗风机总数为1315台，装机容量达到158.5万千瓦。其中1#风场878台，88.5万千瓦；2#风场287台，45万千瓦；3#风场150台，30万千瓦，年发电量达到28.5亿度，完成税收6784万元（其中国税4346万元、地税2438万元）。装机容量在全国旗县级范围内率先突破100万千瓦。

近年来，察右中旗在发展风电的同时，加大了光伏产业发展力度，使风电和光伏发电实现同步发展，全力打造绿色能源产业基地。由华电公司投资2亿元于2013年建设的2万千瓦光伏发电项目已并网发电；2014年中电投察右中旗光伏发电公司投资建设的4万千瓦光伏项目已并网发电；山路能源集团2万千瓦光伏项目于2015年9月开工建设，年底并网发电；内蒙古清佑光伏发电公司投资1亿元建设的1万千瓦光伏电站于 6 月底也并网发电。太阳能光伏发电已并网共计 9 万千瓦。

　　截至 2016 年 6 月底，全旗风电、光伏发电装机容量达到 167.5 万千瓦。2015 年全年发电量为 28.5 亿度，2016 年上半年发电量为 17.5 亿度；截至 2016 年 6 月底发电量累计达到 207.1 亿度。和同样发电量的火电相比，可节约标准煤 828.4 万吨，减少二氧化碳排放 2065 万吨，减少碳粉尘排放 563.3 万吨，减少二氧化硫排放 62.13 万吨，积极响应了国家发展低碳经济、保护生态环境的战略，为节能减排作出了贡献。

### "草原参"红萝卜畅销区内外

　　红萝卜种植是察右中旗农业的传统，早在 1994 年，乌素图行政村引进日本夏时红萝卜在沙板地上种植成功后，历经多年的坎坷艰难，逐步适应了市场变化，种植规模逐年扩大，近年来在国内外市场享有很高的声誉。旗委、旗政府抓住这一契机，着重在稳定种植面积、提

地理标志产品 察右中旗红萝卜

高产品品质上下功夫。按照区域化布局、规模化种植、集约化经营、社会化服务、企业化管理的思路，强化农田基础设施建设力度，努力培育龙头企业，不断加大专业市场建设步伐，创建了红萝卜产业协会，有效地提高了红萝卜产业的组织化程度，积极扶持农民发展生产、开拓市场，使传统的农业经济得以在农业产业结构调整和产业化发展中取得有效的进展。截至目前，全旗初步形成以乌素图、巴音两乡镇为中心，西起广益隆乡范家房村，东至乌素图镇大脑包村，东西长 33 千米，宽 5 千米，横跨广益隆、黄羊城、铁沙盖、巴音、乌素图五个乡镇 46 个村委会的红萝卜种植区，种植区内全部实行了田、林、路、井四配套，种植方式由原来的沟灌、漫灌发展到现在的软管微喷，种植面积 9 万亩，亩均产量达到 7000 斤，总产量 6.3 亿

红萝卜精选包装

红萝卜大田

斤左右,种植品种红映二号、米可多、红誉、孟德尔等。

近年来,为促进红萝卜产业的科学发展,全面提升红萝卜产业的综合效益和竞争能力,在乌素图镇、巴音乡开展了千亩红萝卜蔬菜标准园创建工作,园区内全部实现标准化生产,使良种覆盖率、测土配方肥使用率、低毒低残留农药使用率、综合高产栽培技术应用率都达到近100%。充分发挥标准园的引领带动作用,稳步提高产品产量,提升产品质量,提高综合效益,推动标准园创建由"园"到"区"、由"产"到"销"的拓展。同时,完善投入产品管理、生产档案、产品检测、基地准出、质量追溯5项全程质量管理制度,形成产品质量安全管理长效机制。蔬菜标准园同时也是农技推广示范基地,与内蒙古农业大学联合进行了红映二号、红都、红玉、

早春红冠等30多个品种对比试验、保水剂试验、芽孢杆菌生物菌肥试验、田普除草剂推广试验、来福生长调节剂试验。通过优良品种和先进实用技术的示范、推广辐射带动红萝卜产业快速发展。

由于独特的地理位置和气候条件,察右中旗土、水、气等均无污染,是理想的绿色食品生产基地,生产的红萝卜形状、色泽、口感均属上乘,品质优良,且营养价值十分丰富。经化验所生产的红萝卜,可溶性糖含量5.15%—7.25%、粗纤维含量0.7%—0.8%、维生素C含量15.0—17.0 mg/100g、类胡萝卜素含量35 mg/100g左右、矿质元素钙28.0mg/100g左右、镁9.1mg/100g左右、铁0.45 mg/100g左右,含VB2 0.19mg/100kg。被北京清华大学确定为蔬菜专供基地,被国家绿色食品

脱水红萝卜丁

红萝卜之乡雕塑

发展中心认定为绿色食品，被誉为"塞外小人参"，并批准使用绿色食品标志，察右中旗红萝卜被内蒙古自治区政府授予"名牌农畜产品"称号。2000年察右中旗红萝卜被国家绿色食品发展中心认定为绿色食品，并注册了"草原参"商标。红萝卜基地被内蒙古自治区农牧业厅认定为无公害生产基地，2006年被南京国环有机食品中心认定为有机食品基地，2010年乌素图镇被农业部认定为全国"一村一品"示范村镇。2013年2月，国家质检总局颁发了《关于受理十里香等产品申报地理标志产品保护的公报》，批准使用"察右中旗红萝卜"国家地理标志。2013年6月，在国家工商总局商标局注册了"察右中旗红萝卜"地理

标志证明商标，被国家质检总局批准使用"地理标志保护产品"标识。

为推动红萝卜产业发展，全旗在巴音乡、乌素图镇、铁沙盖镇建成六大红萝卜交易市场。总占地面积500亩，市场内建有恒温库60座，库容量3万吨，清洗车间208处，商业用房1200间，市场内水、电、通讯设施齐备。为扩大市场的交易量，借助京蒙对口帮扶之机，在乌素图镇新建第三红萝卜交易市场。市场总投资1300万元，建成占地面积2.4万平方米的红萝卜交易市场，其中建筑面积1900平方米、办公用房200平方米、红萝卜展厅200平方米，并建有红萝卜保鲜库20座，储量2000吨，配备红萝卜清洗车间和配送中心。在各大交易市场内，建立了残留农药检测站，对进入市场的蔬菜进行检测，对农业残留超标的严格控制，不准进入市场。在乌素图红萝卜交易市场安装了电子大屏幕，完善了网络信息服务系统。每到销售旺季，全国各地200多家客商前来坐地收购，产品远销京、津、冀、鲁等地，并出口韩国、日本、东南亚等国家。

**马铃薯成为致富"金元宝"**

察右中旗昼夜温差大，降雨集中在夏秋季，与马铃薯蓄水高峰期基本吻合，为马铃薯块茎膨大和品

丰收在望的马铃薯田

质提高提供了得天独厚的优越条件。从2004年以来，察右中旗顺应天时，大力推广种植马铃薯，按照区域化布局，科学种植，规模化生产，设施化增效的思路，马铃薯播种面积稳定在54万亩左右，种植品种以克新一号、夏波蒂为主体，搭配种植大西洋、费乌瑞特、底西芮等专用薯。全旗建成喷灌圈357个，面积12.6万亩、滴灌12.41万亩。为加快马铃薯良种繁育体系建设步伐，加大了马铃薯网室建设力度，全旗网室达到803座、500亩，年产原种200万斤；原种田达到5000亩，年产原种2000万斤。通过狠抓新品种引进试验示范、优势品种脱毒快繁、当家品种提纯复壮三大良种繁育体系建设，使马铃薯种薯达到三年轮换一次的目标。

全旗累计建成大中型贮窖达到1134座（100万斤以上的163座，贮量1.64亿斤；100万斤以下的971座，贮量达3.5亿斤；加上农户自有贮窖储量1.4亿斤，总贮量6.54

马铃薯机械化中耕

马铃薯

科银淀粉制品有限公司

亿斤；共有生产能力达 5000 吨的科银、亿丰、凯盛三个精淀粉加工厂，2500 吨的圣土淀粉加工厂，年可转化鲜薯 2 亿斤（正常年份加工转化 1 亿斤）。为解决马铃薯增产不增收的问题，全旗先后投资 3000 多万元建设了占地 34 万平方米的科布尔、

马铃薯收获

红山药

布连河、广益隆三大马铃薯交易市场，为马铃薯种植户搭建了销售平台。围绕三大市场，有 3000 多名马铃薯营销人员活跃在农村和市场之间。马铃薯主要销往山东、上海、河南等地。

### 奶牛肉羊奏出黑白交响曲

近年来，受市场外部环境影响，旗委政府引导农牧民转变养殖方式，着力推进畜禽标准化规模养殖场建设，形成了奶牛、肉羊等养殖产业，扶持建设了百川肉羊、志强奶牛等养殖场小区。2015 年牧业年度家畜头数中奶牛 3.2 万头，肉羊 78.87 万只，奶牛养殖重点发展科布尔镇、宏盘乡等水资源富集、交通便利的乡村，形成了以科布尔盆地为中心，辐射科布尔、黄羊城、宏盘、乌兰等苏木乡镇的奶源基地。建成奶牛养殖专业村 55 个，奶牛存栏 3.01 万

奶牛养殖场

头，年均产奶量 10 万吨以上，并有现代化挤奶站 11 个。在科布尔镇、宏盘乡、大滩等乡镇建设肉羊养殖基地，发展专业村专业户。全力推进畜牧业养殖规模化、标准化、集约化。着力打造"草原、行色、有机"畜牧业养殖品牌。目前累计建成出栏 500 只以上的标准化肉羊养殖场 16 处，2016 年扩建了年出栏万只以上的百川集团辉腾锡勒肉羊养殖园区，并计划开工建设年出栏 5000 只以上的宏盘乡二道沟集体经济合作组织肉羊养殖项目和科布尔镇阿林朝集体经济组织肉羊养殖项目。目前全旗肉羊存栏 60 万只以上，建成肉羊屠宰厂 5 处，年屠宰肉羊 5 万只，计划开工建设永富牛羊屠宰加工项目。

肉羊养殖

内蒙古阴山优麦食品有限公司

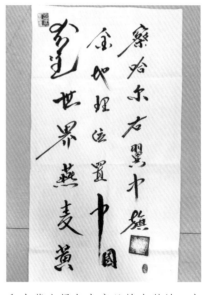

燕麦香米生产线

燕麦香米

### 阴山燕麦蓄势待发

　　近年来，依托民丰种业内蒙古阴山优麦食品有限公司的燕麦乳、燕麦米加工项目，发展订单农业，培育燕麦产业，着力打造燕麦之都

和内蒙古绿色农产品输出基地。内蒙古阴山优麦食品有限公司是内蒙古民丰种业投资设立的全资子公司，成立于2013年5月，位于察右中旗装备制造业园区。计划投资6亿元，建设国家级的农业产业化示范园区——内蒙古阴山优麦食品有限公司燕麦产业园。燕麦产业园建设规划分三期，将于2018年全部建成。项目达产后可实现销售收入约40亿元，利税约5亿元。燕麦产业园建成后将发展燕麦订单种植户1.6万户，种植燕麦40万亩。内蒙古阴山优麦食品有限公司燕麦产业园将构建起中国最大的集燕麦产品加工、仓储物流、燕麦文化与品牌推广为一体的燕麦产业运营平台。

# 扬帆破浪正当时

YANGFANPOLANGZHENGDANGSHI

近年来，察哈尔右翼中旗坚持稳中求进的工作总基调，坚持创新、协调、绿色、开放、共享新理念，守住"发展、生态、民生"三条底线，努力走出一条质量更高、效益更好、结构更优、后劲更足、优势充分释放的发展新路子。

2016 年，全旗各族人民在旗委、旗政府的坚强领导下，以全面深化改革为动力，以招商引资和项目建设为抓手，勇于担当，攻坚克难，开拓进取，全旗经济运行呈现总体平稳、稳中有进、稳中提质的良好态势，人民生活持续改善，社会大局和谐稳定。

经济发展稳中有进。地区生产总值完成 60.4 亿元，同比增长 7%；固定资产投资完成 53.2 亿元，同比增长 15.9%；财政收入完成 1.58 亿元，同比增长 10.3%；社会消费品零售总额完成 13.3 亿元，同比增长 11.8%；城镇居民人均可支配收入和农牧民人均纯收入分别达到 25326 元

花团锦簇的纳令河公园

巴音乡西水泉村

和 7737 元，同比增长 9% 和 11%。

产业结构持续优化。围绕构建现代产业体系，深入推进供给侧结构性改革，特色优势产业日益壮大，经济发展动力转换势头明显。三次产业结构由上年的 23.4：44.6：32.0 演进为 22.8：44.9：32.3。农牧业方面，农作物总播面积 130 万亩，粮播面积 105 万亩，粮食总产稳定在 2 亿斤左右；牧业年产家畜总头数 82.24 万头（只）。全旗建设了马铃薯核心示范田 3500 亩、马铃薯绿色高效创建田 6 万亩、红萝卜蔬菜标准园 2000 亩。乌素图三排地村红萝卜、黄羊城白家村马铃薯被认证为有机食品，黄羊城绿萌合作社马

铃薯被认证为无公害食品。新建了雏鹰百万头生猪养殖基地，改扩建现代养殖场 14 处。

工业方面，工业固定资产投资完成 24.96 亿元，规模以上工业企业完成产值 35.5 亿元。中电投光伏项目新增并网 1 万千瓦；清佑光伏项目并网 1 万千瓦，光伏扶贫新村已入住；元华光伏项目并网 2 万千瓦，光伏扶贫新村已完工；蒙湘 5 万千瓦风电供热项目风场已开工；七和 10 万千瓦风电项目即将完工。柯源环保材料项目和忠德矿业钾长石提纯、石英石板材、陶瓷生产线项目已试生产。阴山优麦燕麦米项目已投产，燕麦片加工项目车间已完工，

普冉新村

正在安装设备。察右中旗全力推进园区改造升级，工业园区升级为市级园区并纳入了国家开发区目录。高度重视节能减排工作，各项环保指标均符合计划目标。

三产方面。继续加强旅游基础设施建设，投资 1.3 亿元新建了草原观光小火车、3 号索道等项目。成功举办了全国山地马拉松、全国攀岩分站赛和亚太地区商学院 MBA 草原挑战赛等赛事，"中国草原避暑之都核心区"品牌全面打响。组建了全区首家旅游综合执法局，旅游管理模式逐步向智慧型、精细化转变。景区年接待游客 112.5 万人（次）。积极扶持发展电子商务，建成面积 1800 平方米的电子商务中心、就业孵化中心、创客中心、巾帼电子商务创业基地和物流快递为一体的综合服务中心，搭建了环蒙·中国内蒙网平台。浩翔大酒店和万锦汇大酒店投入运营，开工建设吉泰商业广场，建成了亿鑫隆蔬菜保鲜库，续建了新星国际大酒店、亿鑫隆大润发超市等项目。改扩建便民超市 50 家，新建了乌兰苏木配送中心。

城乡建设统筹推进。全面推进"五城一区联创"，成功创建自治区卫生旗县，城镇形象和品位显著提升。新修改造各类管道 14.5 千米，硬化小街小巷 38 条，完成了向阳路和察哈尔大街改造任务。实施房屋建筑工程 27 项、29 万平方米。完成棚户区改造 1460 户、农危改 4731 户。

对科布尔镇东出口进行了绿化、亮化；巩固完善通道绿化 5.3 千米，完成各类绿化工程 13.5 万亩。G335 集宁至科布尔一级公路开工建设，完成通村公路和村镇街巷硬化 515.3 千米，完成了科布尔镇西出口至普然新村拓宽改造工程，科布尔镇至二道沟北出口 6.1 千米拓宽改造工程完成 3 千米。实施了土城子 110 千伏变电站增容和 10 千伏以下农村电网改造工程。新增改造高效节水灌溉农田 4.2 万亩，完成小流域治理 7 平方千米、安全饮水工程 106 处，配备了水质检测中心。通过农机补贴购置各类农牧业机械 443 台（套），农牧业机械化水平进

一步提高。投资 15 亿元实施了"美丽乡村"建设工程，对农村牧区基础设施进行了全面改造，整合小村 172 个，易地移民搬迁 5527 户、1 万多人，农村牧区面貌发生了历史性巨变。

民生保障更加有力。增加了对民生的投入，城镇低保、农村牧区低保、五保、城镇"三无"人员保障标准均有较大提高。全旗新农合参合率达到 98%，贫困人口和重度残疾人员新农合报销比例分别提高了 5% 和 10%。医疗救助、临时救助 3290 人。为受灾群众发放基本生活保障金 574 万元。城镇新增就业 900 人，经培训创业 243 人，城镇登记失业率控制在 3.8% 之内。不断加强社会保险扩面征缴工作，养老保险、医疗保险、失业保险、工伤保险、生育保险实现了参保人数

察右中旗科布尔镇大马库联美丽乡村远景

和基金征缴同步增长。

社会事业全面进步。教育事业快速发展，义务教育均衡发展，顺利通过国家验收，在乌兰察布市学校管理流动现场会评比中察右中旗获得第一名；完成了一中、二中、旗幼儿园、苏木乡镇中心校等改造任务；建立了教师补充长效机制，招录教师64名。医疗卫生服务水平明显提高，蒙中医院主体完工，新建维修乡镇卫生院4个、计生服务站3个，标准化配置村卫生室139个。科技文体事业全面发展，启动了自治区健康旗创建工作，广播电视"户户通"和"村村响"实现全覆盖；

广播电视发射塔组装完成、播控室主体完工。为50个嘎查村文化室配置了设备；建立完善乡镇科技站12个、村服务点78个、服务平台28个；老干部活动中心主体完工；开展了"农民办事不出村"试点工作；利用京蒙对口帮扶资金实施了农业观

元宵节旺火

2015年美丽乡村工程示范村——大马库联村

华泰幸福院

光、社区惠民和医疗设备等项目。"平安察右中旗"建设不断深化，社会矛盾化解成效显著，刑事和治安案件下降了12.9%和22.8%。对全旗安全隐患进行了全面大排查，查出安全隐患60多条，并进行了及时的整改，安全生产形势稳定。食药安全监管全面加强，人民群众安全感和满意度持续提升。双拥共建和国防工作深入开展，营造出浓厚的爱国拥军氛围。民族团结进步事业开创新局面，宗教领域和谐稳定。人防、地震、气象、红会、档案史志、外事侨务、妇女儿童工作都取得了新进展。

脱贫攻坚首战告捷。"六个精准、五个一批、十大扶贫工程"深入落实，17490名贫困人口建档立卡，2541名行政事业单位干部、34家企业组成288个驻村工作队参与包扶贫困户工作。2016年18个重点贫困村、2842名贫困人口稳定脱贫，顺利通

舞龙

过国务院扶贫领导小组组织的第三方评估验收。产业扶贫通过"菜单式"扶贫投资6897万元，改善了贫困地区生产条件；通过金融扶贫发放贷款1亿多元，解决了贫困户资金短缺问题；通过发展旅游、光伏、电商等方式拓宽了贫困户收入渠道。完成移民搬迁5527户、1万多人。教育扶贫方面，补贴贫困学生2629人（次）、1203万元。生态补偿方面，安排林木专管员507名、保洁员469

名。兜底保障方面，新增低保939人、现金直补1898人、医疗救助2605人；为贫困人口进行了免费体检并缴纳了合作医疗和商业医疗保险。

改革开放持续深化。积极推进供给侧结构性改革，结合棚改政策消化库存楼房2300余套，全力实施住房、公路、教育、医疗、养老等公共服务重点民生领域补短板工程。完成土地流转50多万亩，居全市前列。土地确权工作基本完成，基本草原划定已通过自治区验收。先行启动了旅游综合行政执法试点改革，成效显著，景区投诉由上年80起下降到8起。完成了卫生和计生机构合并和公立医院改革，组建了旗卫计局和妇幼保健计划生育服务中心。

高级职业中学操场

新成立了不动产登记局。"放管服"改革成效明显，非行政许可审批事项全部取消，责任清单全部向社会公开，形成完整的权责清单。"五证合一"和"一证一码"商事制度改革全面实施，个体工商户"两证整合"正式启动。财税金融改革扎实推进，"营改增"试点全面推开。全面开展了公车制度改革，合理配置了公务用车资源。进一步加大招商引资力度，融入京津冀、乌大张协同发展的步伐不断加快，引进了新型建材、光热发电、稀贵金属循环冶炼、有机肥生产等一批大项目、好项目，签署和在谈项目达到50多个。积极与京煤集团总医院、北京核工业四〇一医院合作，实现了与先进地区优质医疗资源的共享。

2017年全旗上下将认真落实市委、市政府和旗委的决策部署，坚持稳中求进工作总基调，坚持创新、协调、绿色、开放、共享新理念，适应、把握、引领经济发展新常态，以提高发展质量和效益为中心，守住"发展""生态""民生"三条底线，把"围绕首都、依托首都、保障首都、服

舞狮

158

民族文化一条街

务首都、得益于首都"作为发展定位，以精准扶贫精准脱贫为主线，以"精神文明现场会"和"五城一区联创"为重点，坚定不移地抓项目、抓投资，努力走出一条质量更高、效益更好、结构更优、后劲更足、优势充分释放的发展新路子，全面提升县域经济的综合实力和竞争力。

乡村文化活动室

# 后　记

　　为了全面、客观、真实地再现全旗经济社会发展不平凡的历程，展示察右中旗独特的文化底蕴，我们编撰了《话说内蒙古·察哈尔右翼中旗》一书。

　　在察右中旗这片广袤的土地上，新石器时代就有人类活动。长期以来，游牧文化与农耕文化在这里碰撞与交融，形成了独具特色的历史文化。因此，编撰好《话说内蒙古·察哈尔右翼中旗》是历史赋予的重任，时代寄予的厚望。为此，察右中旗政协编撰人员深入调查研究，对入选文章精心审阅，几易其稿，谨慎定稿，力求还原历史本来面目，真实再现发展历程，准确反映精神风貌，集中挖掘文化底蕴，营造壮歌逐梦的氛围。《黄花沟地质公园》《高山草甸草原和九十九泉》《辉腾锡勒与敖伦淖尔》《金盆的由来》《转经召庙》五篇文章由苏仁陶格图撰写。《阿斯尔》由斯勒吉提供。《金马驹的传说》《银贡山的传说》《玉皇庙的传说》分别由郭建广、杨瑞泰、赵全撰写。旗委宣传部张文杰副部长对本书的编辑给予了大力支持，精挑细选为本书提供了100多幅精美照片。

　　《话说内蒙古·察哈尔右翼中旗》一书的出版发行，便于人们了解察右中旗、认识察右中旗，提升察右中旗的知名度和影响力，为招商引资，共建共创，推动察右中旗经济社会发展，打造祖国北疆亮丽风景线营造浓厚的宣传氛围。由于编撰时间仓促，内容涉及面广，加上作者水平有限，纰漏、瑕疵在所难免，望广大读者指正共勉。

编者

2017年3月